« Floréal »

Collection dirigée par

Gilles Ragache

Du même auteur

Et la Montagne fleurira, roman, Denoël.
Que brûlent les châteaux, roman, Denoël.
Les Malheurs d'Ariane, roman, R. Laffont.
Le Tribunal Révolutionnaire, Denoël.

Dans la même collection

C.C. et G. Ragache
Les Loups en France
Légendes et réalité

H. Luxardo
Les Paysans
Les républiques villageoises, x^e^-xixe siècle

J. Sandrin
Enfants trouvés, enfants ouvriers
xviie-xixe siècle

S. Bianchi
La Révolution culturelle de l'an II
Élites et peuple (1789-1799)

Si vous souhaitez être tenu au courant de nos publications,
il vous suffit d'envoyer vos nom et adresse
aux Editions Aubier Montaigne, 13, quai de Conti, 75006 Paris.

ISBN 2-7007-0285-9

Luc Willette

Le coup d'Etat du 2 décembre 1851

La résistance républicaine au coup d'Etat

Aubier

NAPOLÉON-LOUIS, AU TOMBEAU DE LA REINE HORTANSE, SA MÈRE,
(Le 4 octobre 1848)

I. *En guise de prologue : un massacre*

Après plus d'un demi-siècle de convulsions, la France avait enfin réussi à trouver un régime politique qui convenait à presque tout le monde. Louis-Philippe I était un roi parfait. Duc de Chartres, puis duc d'Orléans, le sang des Bourbons coulait bien dans ses veines. Jeune homme, il avait servi les armées de la révolution française aux côtés du marquis de Lafayette et de Dumouriez... et avait su déserter à temps pour émigrer en Angleterre. A part quelques poignées de légitimistes irréductibles Louis-Philippe donnait satisfaction à une grande partie de la noblesse. Mais ce roi qui portait un parapluie en guise de sceptre, qui prenait des professeurs comme premiers ministres, qui ne faisait pas de guerre à toute l'Europe, plaisait encore plus à la bourgeoisie. A mi-chemin entre César Birotteau et un personnage de Labiche, il rassurait la boutique du boulevard des Capucines comme les salons de Bayeux, de Bar-le-Duc ou de Libourne. Sans déplaire d'ailleurs à l'armée, puisque, s'il tenait fort à la paix, il poursuivait l'expédition d'Algérie qui permettrait aux Bugeaud, Lamoricière, et autres Changarnier, de se couvrir d'or et de gloire, sans aucun risque pour la tranquillité des Français. Quant aux banquiers, c'était, pour eux, un roi en or massif. Lafitte ne s'était-il pas écrié dès 1830 : « Maintenant, ce sont

Jacquerie ou droit à l'insurrection ?

« Lorsque l'excès de la souffrance vous inspire la résolution de recouvrer les droits dont vos oppresseurs vous ont dépouillés, ils vous accusent de troubler l'ordre et ils vous traitent de rebelles. Rebelles à qui ? Il n'y a de rébellion possible que contre le véritable souverain, contre le peuple, et comment le peuple serait-il rebelle au peuple ? Les rebelles ce sont ceux qui se créent à ses dépens des privilèges iniques, qui, de ruse, ou de force, parviennent à le soumettre à leur domination. Et quand il brise cette domination, il ne trouble pas l'ordre, il le rétablit. »

Lamenais

les banquiers qui vont gouverner. » Et de fait, ils gouvernaient et s'épanouissaient, ces possesseurs de capitaux qui remodelaient la France en arrondissant leur fortune, les Casimir Périer, les Lafitte, les Rotschild, les Talabot. Il n'était pas jusqu'aux artistes, qui ne soient satisfaits de ce roi parfait. Et si Balzac préférait le faubourg Saint-Germain, si Daumier égratignait, Lamartine ou Victor Hugo faisaient une entrée brillante dans la vie politique sous la bannière du roi bourgeois. « Ralliez-vous à mon parapluie, vous le trouverez toujours sur le chemin de l'ordre et des pièces d'or » aurait pu s'écrier le bon roi, et les Français se ralliaient, avec un sourire satisfait. Même les bonapartistes ; Louis-Philippe n'avait-il pas su s'entourer des vieilles gloires de l'Empire, faire de Soult un Premier ministre, arracher les cendres de l'Aigle aux Anglais, et lorsque le neveu de l'Empereur, un certain Louis-Napoléon avait tenté de soulever l'armée, à Strasbourg d'abord, puis à Dunkerque, pour renverser le régime, il avait sombré dans le ridicule. Restaient bien sûr, les ouvriers et les paysans, mais est-ce que cela compte ? Bien sûr que non, cela travaille, un point c'est tout. La politique n'est pas leur affaire.

Cette euphorie, faite pour durer un siècle, ne dépassera pas pourtant quinze ans. Dès 1845, la crise agricole va ravager la France. Deux mauvaises récoltes successives, et c'est la crise du ravitaillement. Les prix des denrées alimentaires s'emballent. Le pain dépasse les 0,50 F le kg, alors que le salaire d'un ouvrier atteint à peine 1,50 F par jour. A Lille, sur une population de soixante-quinze mille habitants, on recense bientôt trente mille « pauvres secourus ». Des troubles éclatent, des boulangeries sont pillées. A Buzançais, dans l'Indre, un riche propriétaire est tué par des villageois affamés. L'armée intervient, puis les tribunaux. Des émeutiers sont condamnés à mort et exécutés. D'autres envoyés au bagne. Des enfants de treize ans qui ont dérobé quelques quignons de pain sont condamnés à des peines supérieures à un an de prison : la justice ne plaisante pas avec la propriété !

Bientôt la crise économique s'ajoute à la crise agricole. En 1847, la consommation de houille diminue d'un cinquième et celle de coton d'un tiers. Les travaux de construction des chemins de fer sont interrompus, et jettent sur le pavé sept cent cinquante mille ouvriers. Le retard sur les pays voisins, notamment l'Angleterre, s'accroît. Le crédit se révèle totalement insuffisant, et fort mal organisé.

Et voilà qu'une crise morale déferle sur Paris. Les scandales se succèdent. C'est le duc de Choiseul-Praslin, pair de France, qui assassine sa femme, comme un vulgaire chourineur. C'est le général Cubieres, autre pair de France, ancien ministre de la Guerre, et Teste, ancien ministre des Travaux publics, et président de la Cour de cassation, qui se font bêtement prendre dans une sordide affaire de pots de vin.

Devant ces vagues qui viennent mouiller les marches de son trône, Louis-Philippe et son premier ministre Guizot, demeurent sereins et immobiles, brandissant leur parapluie pour conjurer la tempête. Crise économique ? Laissez faire et enrichissez-vous. Crise sociale ? L'on enverra un régiment de dragons et quelques juges. Crise de mœurs ? On se voilera la face. Mais la bourgeoisie elle-même murmure. Pour être électeur, il faut payer deux cents francs d'impôts directs, et il n'y a, pour l'ensemble du royaume, que deux cent quarante et un mille électeurs. Nombre de petits bourgeois, journalistes, médecins, avocats, se voient ainsi écartés du festin, et ils veulent leur part du gâteau. L'opposition s'organise et, ô symbole, lance à travers le pays, une grande campagne de banquets. Faire la révolution en s'empiffrant, voilà bien une

L. Napoléon Président
de la République

idée de bourgeois. Mais Louis-Philippe refuse de comprendre qu'en lâchant quelques miettes, il aurait la paix. Pour lui, tout changement est un crime.

« Il n'y aura pas de réforme, répète-t-il, je n'en veux pas. Si la chambre des députés la vote, j'ai la chambre des Pairs pour la rejeter. Et quand même la chambre des Pairs l'adopterait, mon veto est là. »

Et voilà comment le magasin « royaume des Français » va se trouver en faillite, parce que le roi boutiquier n'aura pas voulu moderniser à temps ses méthodes de vente.

LES TROIS AFFREUSES

Il suffira de trois jours pour provoquer le dépôt de bilan. En trois jours — les trois affreuses, comme les appelle Guillemin —, sans que personne ne l'ait prévu, ni organisé, ni même vraiment voulu, Paris va jeter Louis-Philippe à la porte. Et tout cela pour un banquet ! Le 22 février 1848, les manifestations éclatent. Le 23 février, le roi fait tirer sur les manifestants boulevard des Capucines. Le 24 février, le maréchal Bugeaud, le « bon père Bugeaud » lance l'armée sur Paris. Mille cinq cent douze barricades vont surgir du pavé de la capitale. Il y aura soixante-douze morts du côté des forces de l'ordre, deux cent quatre-vingt-neuf, dont quatorze femmes, du côté des insurgés, et le soir, tout est fini : Louis-Philippe abdique et s'enfuit en Angleterre.

Louis-Philippe parti, le banquet qu'il avait voulu interdire va donc pouvoir se faire. Déjà les Odilon Barrot, les Thiers, les Lamartine déplient leurs serviettes. Mais de derrière les barricades des trois affreuses, surgissant soudain du pavé, voici une foule de convives qui n'était pas invitée : le peuple. Le peuple qui a faim, et qui à défaut de gâteau, réclame du pain. Et même, la République. De quoi se mêlent-ils donc ces ouvriers ? Ils ont élevé des barricades, tenu Bugeaud en échec, chassé le roi ? Leur rôle est donc fini, qu'ils retournent dans leurs tanières, on ne leur en demande pas davantage. Mais ils refusent de regagner leurs taudis ces « misérables ». Ils entourent l'Hôtel de ville, ils veulent imposer leurs conditions.

Le gouvernement provisoire, constitué par Lamartine le 24 février, ne comprend que des gens de bonne compagnie, des républicains bien tempérés : Dupont de l'Eure, 81 ans, ancien député sous le Directoire, Arago de l'Institut, Ledru-Rollin, Garnier-Pages, Cremieux, Marie, Flocon, Marast. Devant la pression du peuple — et du peuple en armes —, Lamartine n'aura pas trop de tout son lyrisme pour apaiser la foule, mais il devra faire des concessions, et accepter au gouvernement avec des postes subalternes c'est vrai, Louis Blanc, l'historien socialiste ; un socialisme également bien tempéré certes, mais quand même, cela donne froid dans le dos, et l'un des chefs des sociétés secrètes, l'ouvrier Albert.

A Paris, c'est la fête. Les barricades ont été démolies, et le pavé a repris sa place. Mais pas ceux qui les ont élevées. Dans les faubourgs, on danse ; à chaque carrefour, un club s'organise, et l'on parle. La République, bon Dieu. La République et du travail. Du travail, c'est-à-dire du pain. Et même un morceau de lard pour mettre dessus. Et un coup de rouge pour accompagner le tout. La vie va être belle, camarades. Et voilà que les « meneurs » surgissent, qui n'hésitent pas à parler de socialisme non pas seulement de régime politique, mais de société. C'est le bon docteur Raspail, c'est Cabet, c'est

Proud'hon. Voici même, sortant des geôles royales, les frères ennemis de la révolution, Barbès, le chevalier rouge, et Blanqui, le pur révolutionnaire.

Ce n'est plus seulement au faubourg Saint-Germain que l'on tremble, mais dans toutes les boutiques, chez tous les rentiers, dans toutes les usines. En Province surtout, où les rumeurs effrayantes de ce peuple parisien demeuré en armes, et dans la rue, arrivent amplifiées. Le gouvernement provisoire fait tout son possible pour désamorcer cette bombe, endormir la rue, tenter de faire machine arrière. On est déjà allé trop loin, beaucoup trop loin. Les choses sont claires : pour une moitié de la France, il faut revenir aux bons principes d'Ordre et de Paix, avec un roi, n'importe lequel (ah, pourquoi a-t-on chassé Louis-Philippe, il était parfait ce roi-là !), et un sabre, n'importe lequel. Mais surtout, ni République, ni peuple en armes, ni changement. Pour l'autre moitié, les trois journées de février ne sont qu'un début, il faut instaurer la République, et aller de l'avant, construire une société nouvelle, plus juste, plus fraternelle. C'est la lutte du drapeau tricolore contre le drapeau rouge qui commence. La pièce, comme une pièce romantique, va se jouer en trois journées, puis trois farces, et un épilogue dramatique.

LES TROIS JOURNÉES

Le 17 mars 1848, moins de trois semaines après l'abdication de Louis-Philippe, le peuple parisien prend l'initiative de la première journée. Cent mille personnes se rassemblent place de la Concorde et marchent sur l'Hôtel de ville en chantant la Marseillaise. But officiel de cette manifestation : demander au gouvernement provisoire de repousser les élections pour que les républicains puissent s'organiser. Mais le but réel, c'est Blanqui qui l'a dévoilé. A Recurt qui lui demandait :

— Vous voulez donc nous renverser ?

Blanqui répond :

— Non, mais vous barrer la route en arrière.

Ils sont plus de cent mille autour de l'Hôtel de ville. Mais cent dix délégués seulement sont admis à y pénétrer, et les autres attendront sagement à l'extérieur en continuant de chanter. A l'intérieur, Lamartine y va de nouveau d'un grand discours. C'est tout juste s'il ne se fait pas pleurer lui-même. Les blanquistes protestent : ce ne sont pas des paroles qu'exige le peuple. Mais Barbès, Raspail, Sobrier, Cabet, approuvent le poète-tribun et n'hésitent pas à jouer des muscles pour faire taire les blanquistes. On évacue l'Hôtel de ville, le peuple regagne les faubourgs, la voix éraillée d'avoir trop chanté. Lamartine avale un verre d'eau bien mérité, le gouvernement provisoire respire. Cent mille hommes en armes qui n'ont rien obtenu, c'est un bel échec.

Un mois plus tard, c'est Louis Blanc qui remet ça. Ministre de moins en moins influent au gouvernement provisoire, il veut organiser une grande manifestation populaire pour impressionner ses collègues et redresser la barre de ce gouvernement qui navigue de plus en plus vers la droite. Cette deuxième journée révolutionnaire sera encore plus manquée que la première. En route pour l'Hôtel de ville où l'on va dire son fait à ce gouvernement provisoire qui trahit la confiance du peuple ! Mais cette fois, Lamartine ne s'est pas laissé surprendre : cinquante mille gardes nationaux en armes entourent l'Hôtel de ville, et lorsque les manifestants débouchent vers 1 heure, c'est pour voir Barbès arriver à son tour, à la tête de sa légion, en uniforme de colonel, et se ranger parmi... les défenseurs de l'Ordre. Allons, c'est de nouveau raté, le peuple se disperse, sans chanter cette fois. Et la garde nationale défile devant le gouvernement provisoire, y compris Barbès, aux airs de « A bas les communistes. A mort Blanqui ».

La troisième « journée » aura lieu un mois plus tard. Entre temps, une assemblée constituante a été élue et c'est donc vers la chambre que marcheront les manifestants. Qui a voulu cette journée ? qui l'a organisée ? Les choses sont loin d'être claires et il semble bien que la thèse de la provocation soutenue par Guillemin soit la plus vraisemblable. En fait, ni Blanqui, ni Barbès, ni Raspail ne sont à l'origine de cette journée dont les chevilles ouvrières ont été Huber et Villain, deux agents du gouvernement infiltrés dans les rangs révolutionnaires. Curieusement d'ailleurs, le gouvernement provisoire n'a pas fait appel à la garde nationale, et le chemin de l'assemblée est libre. Il est dix heures et demie, le 15 mai 1848, lorsque les cinquante mille manifestants s'ébranlent. Blanqui et Raspail en tête, sont entourés d'hommes de la préfecture de police en civil. L'Assemblée est envahie. Blanqui monte à la tribune et réclame que l'Assemblée s'occupe avant toute chose, et séance tenante, de résoudre les problèmes sociaux.

« Citoyens, le peuple vient vous demander justice. Il sait que les prisons sont toujours pleines, il demande que ces prisons soient vidées. Le peuple demande aussi que vous pensiez à sa misère... Le peuple réclame de l'Assemblée nationale qu'elle s'occupe sans désemparer de rétablir les moyens de travail, de donner de l'ouvrage et du pain à ces milliers de citoyens qui en manquent aujourd'hui. »

Barbès lui succède et exige lui, un impôt extraordinaire d'un milliard de francs pour financer les réformes sociales. Huber, l'agent double, monte alors à son tour à la tribune, et, à la stupéfaction générale, prononce la dissolution de la Chambre. Puis, il lance un mot d'ordre : « A l'Hôtel de ville. »

Les manifestants, devenus insurgés sans le savoir, abandonnent alors la Chambre, où les députés ont bien du mal à se remettre de la peur qu'ils viennent d'éprouver, et qu'ils n'oublieront jamais. Et l'on se dirige sur l'Hôtel de ville. Mais là, les choses changent, et la garde nationale, en armes depuis le matin, attend les émeutiers, qui eux, ne sont pas armés. On a effrayé l'Assemblée pour rien. On a prononcé sa dissolution sans pouvoir la réaliser. Une fois de plus, on n'a rien obtenu, et la manifestation se disperse. Troisième journée, troisième échec. Pas pour tout le monde, car en envahissant l'Assemblée et en prononçant sa dissolution, les manifestants sont devenus des émeutiers, et dans la nuit, le gouvernement provisoire va pouvoir faire arrêter les chefs de l'insurrection en toute légalité. Le 18 au matin, Barbès, Raspail, Flotte, Lacombe et même l'ouvrier Albert, membre du gouvernement provisoire, sont sous les verrous. Seul Blanqui a pu échapper, mais il sera pris quelques jours plus tard. Lamartine est vainqueur sur toute la ligne : le parti révolutionnaire est décapité.

LES TROIS FARCES

Parallèlement à ces trois journées « révolutionnaires » qui sont autant de victoires pour lui, le gouvernement provisoire va organiser trois farces.

La première d'entre elles, la plus réussie car ses conséquences se font encore sentir aujourd'hui à plus d'un siècle de distance, est celle des ateliers nationaux. La crise économique vient de jeter sur le pavé des centaines de milliers de chômeurs. Or, en 1848, il n'existe aucune protection contre le chômage, pas de travail signifie tout simplement pas de pain. Il faut donc trouver à tout prix du travail à cette masse de plus en plus importante de chômeurs qui, sinon, poussée par la misère, risque de se révéler fort dangereuse. Et le gouvernement provisoire crée les ateliers nationaux. C'est l'Etat qui financera l'opération. Les chômeurs seront employés et tout le monde sera content. D'autant plus que l'opération est condamnée d'avance. Il ne suffit pas d'un décret pour mettre fin à une crise économique. Du travail il n'y en a toujours pas. Alors on va employer tous ces ouvriers, et même des artisans à des travaux de terrassement. Les résultats sont inespérés. Tout d'abord, les chômeurs seront calmes durant quelques semaines, car ils espèrent que les ateliers nationaux vont enfin, après une période de rôdage, leur donner un vrai travail. Ensuite, comme l'échec est certain, prévu, voulu, cela déconsidérera à jamais toute idée d'intervention de l'Etat dans le domaine du travail, et renforcera le dogme de la libre entreprise. Ce sera la démonstration de la nullité des doctrines collectivistes. Et, en prime, comme c'est Louis Blanc qui est chargé de l'opération, il sera déconsidéré à tout jamais, et on sera débarrassé de ce gêneur. En outre, politiquement, comme les ateliers nationaux coûtent cher, il sera facile d'expliquer à la France profonde que les ouvriers sont des feignants qui ruinent la République, et se font grassement payer à ne rien faire.

Il faudra moins de deux mois pour que tous ces résultats soient atteints. Alors que les ouvriers les plus évolués réclamaient l'organisation de petites coopératives de production, les ateliers nationaux seront ce qu'ils devaient être : un échec total qui humilie les travailleurs, dresse contre eux les ruraux, déconsidère l'idée de l'intervention de l'Etat dans la vie économique. Il n'y aura plus alors qu'à supprimer les ateliers nationaux, et les patrons retrouveront leur grand vivier de chômeurs dans lequel ils n'auront plus qu'à pêcher librement.

La deuxième farce est liée à la première. Pour financer cette « grande idée sociale », le gouvernement ne trouve rien de mieux que de créer un impôt, dit des quarante-cinq centimes. Autrement dit, toute personne payant un franc d'impôt, paiera un impôt supplémentaire de quarante-cinq centimes. Voilà qui va, en quelques jours, dresser la France rurale contre la classe ouvrière pour des dizaines d'années. On parle souvent de la peur des « partageux » que les paysans auraient éprouvée en 1848, pour expliquer leurs votes successifs. Cela relève en grande partie de la légende. Ce que les paysans ont rejeté, c'est cet impôt destiné à financer une activité économique étatique. Beaucoup plus que la doctrine socialiste, qu'ils ignoraient généralement, et à laquelle leurs traditions ne les opposaient nullement, c'est l'impôt de quarante-cinq centimes qui a conduit les paysans à rejeter la République et à assurer l'avènement du second empire.

La troisième farce, la meilleure, est, elle, tout à fait inattendue. Les élections de l'Assemblée destinée à préparer la constitution doivent avoir lieu au suffrage universel. Et cela n'a rien de rassurant. Les gens de bonne compagnie vont en trembler pendant deux mois. Dire qu'un paysan illettré aura autant de poids dans l'urne qu'un duc, un banquier ou un académicien ! qu'un ouvrier aura une voix, comme son patron, qu'un soldat comptera autant qu'un général ! c'est horrible. Or, divine surprise, les élections des 23 et 24 avril vont être un succès, un triomphe même pour les républicains modérés, et la bonne bourgeoisie. Il y a neuf millions trois cent quatre-vingt-quinze mille trente-cinq électeurs, et quatre-vingt-quatre pour cent d'entre eux vont aller voter en ce jour de Pâques pour élire huit cent quatre-vingt députés. Compte tenu des circonstances matérielles (il faut aller, le plus souvent, à pied, au chef-lieu, pour déposer son bulletin dans l'urne), c'est un véritable record de participation.

Et le sourire refleurit, dès les premiers résultats, chez les partisans de l'ordre. Une centaine de députés légitimistes et catholiques sont élus avec pour chefs de file, Falloux, Berryer, et Montalembert. Les Orléanistes sont, eux, environ deux cents (il y a un mois, jour pour jour, que l'on a mis Louis-Philippe à la porte !) avec pour chefs de file, Odilon Barrot, et Remusat. Par contre Thiers a été battu à Marseille. Mais les grands vainqueurs ce sont les républicains modérés, ceux qui, exclus de la vie politique par Louis-Philippe, et le suffrage censitaire, avaient voulu la révolution de février, ceux du gouvernement provisoire. C'est le triomphe de Lamartine qui est élu dans sept départements. Quant à la gauche, elle connaît un échec retentissant : moins de cent députés. A Paris, Barbès, Raspail, Leroux, sont battus.

Décidément, ce suffrage universel se révèle le contraire de ce que tout le monde en pensait, en redoutait ou en espérait.

Il faut dire que sur neuf millions d'électeurs inscrits, il y a près de sept millions d'analphabètes. Les notables les aideront à voter. Tocqueville raconte, dans une page célèbre, comment il a conduit son village au chef-lieu du canton le jour des élections. Partout, les électeurs se sont ébranlés, hobereaux et curé en tête, après la messe dominicale et le prêche qu'ils ont entendu avant d'aller déposer leur bulletin dans l'urne. L'influence de l'Eglise a été considérable, surtout un jour de Pâques. A titre d'exemple, citons, dans la Lozère, Monseigneur Fayet qui, pour se faire élire, n'a reculé devant aucun moyen : recommandations en chaire, distribution d'argent, refus d'absolution.

LES JOURNÉES DE JUIN

Bref, en trois journées, la gauche a manqué sa révolution, en trois farces, la bourgeoisie a réussi à récupérer le pouvoir. Le tour est joué. Mais cela ne résout pas le problème de la crise économique et de la crise sociale. Une majorité écrasante à l'Assemblée ne supprime pas la menace de cette masse de chômeurs qui, ayant perdu tout espoir dans la voie légale, risque de choisir celle de la violence. Ce qui s'est passé à Rouen le montre bien. Dans la capitale de la Normandie, où la crise était particulièrement grave, le candidat du parti de l'ordre, le procureur de la République, Senard, avait battu Deschamp, le commissaire de la République. Dès la proclamation des résultats, les ouvriers sont venus manifester devant l'Hôtel de ville. Manifestation non violente au surplus, et aucun des manifestants n'est armé. Qu'à cela ne tienne, Senard rameute la troupe, la gendarmerie, les canons et fait ouvrir le feu.

Bilan : onze morts et soixante-seize blessés (dont vingt-trois mortellement), chez les rouges, et deux cent quarante-quatre arrestations. A son arrivée à Paris, Senard va être accueilli comme un héros par ses collègues de l'Assemblée.

C'est alors que l'idée germe : pourquoi ne pas faire à Paris, en grand, ce qu'a réussi Senard à Rouen ? Donner à la classe ouvrière une leçon suffisante pour qu'elle se tienne tranquille définitivement ? Pour cela, il suffit de deux choses : se préparer et s'organiser, puis exaspérer les ouvriers, pour les forcer à se jeter dans le piège. Sitôt pensé, sitôt fait. On concentre la troupe autour de Paris, on fait appel à des volontaires bien pensants de Province qui, au jour dit, viendront tirer l'ouvrier comme on tire le canard. On choisit un général pour diriger l'opération. Eugène Cavaignac, républicain modéré vaguement libéral, ancien d'Algérie, député à l'Assemblée. Tout est prêt pour la liquidation des ouvriers. Encore faut-il que ceux-ci se révoltent. C'est le comte de Falloux, député légitimiste et catholique qui va s'en charger, en faisant supprimer brutalement les ateliers nationaux, et par voie de conséquence, le salaire misérable de tous les chômeurs. Comme l'écrit Marx, les choses sont simples : « Les ouvriers n'avaient plus le choix : il leur fallait ou mourir de faim, ou engager la lutte. Ils répondirent, le 22 juin, par la formidable insurrection où fut livrée la première grande bataille entre les deux classes qui divisent la société moderne. C'était une lutte pour le maintien ou l'anéantissement de l'ordre bourgeois. »

Même son de cloche chez Tocqueville qui constate : « Toute la classe ouvrière était engagée, soit de bras, soit de cœur dans la lutte. »

Par contre, pour la propagande officielle, cette insurrection de la faim et du désespoir, n'est pas autre chose qu'un soulèvement de truands. C'est le *Constitutionnel* du 28 juin qui donne le ton : « Cette fois le drapeau rouge a été déployé, l'émeute s'est battue aux cris de vive la République sociale et comme commentaire de ce cri de ralliement, elle écrit sur plusieurs drapeaux : pillage et viol. Parmi les insurgés tués sur les barricades, ou faits prisonniers, on trouve, comme on devait s'y attendre, la lèpre des forçats, et des repris de justice. »

Et Victor-Hugo, soit-disant républicain de gauche, embouche ses trompettes : « Il arrive quelquefois que, même contre les principes, même contre la liberté, l'égalité et la fraternité, même contre le vote universel, même contre le gouvernement de tous par tous, du fond de ses angoisses, de ses dénuements, de ses fièvres, de ses détresses, de ses miasmes, de ses ignorances, de ses ténèbres, cette grande désespérée, la canaille, proteste et que la populace livre bataille au peuple. » K. Marx est moins lyrique, mais combien plus réel, lorsqu'il résume en une formule, ces journées de juin : « Rassemblant toutes ses forces, la boutique avait marché contre la barricade pour rétablir la circulation qui mène de la rue à la boutique. »

La bourgeoisie avait en effet battu le ban et l'arrière-ban. L'armée d'abord, qui, curieusement, se montrera le moins enthousiaste pour cette guerre servile, la garde nationale bourgeoise qui elle, combattra dans l'enthousiasme, les bataillons de chômeurs, véritable garde prétorienne, créée par le gouvernement provisoire, et tous les volontaires venus des quatre coins de la France pour participer à cette croisade.

Ecoutons encore Tocqueville : « Par tous les chemins de la ville des milliers d'hommes accouraient de tous les points de la France, à notre aide. Grâce aux chemins de fer, il en venait déjà de cinquante lieues quoique le combat n'ait commencé que la veille au soir. Il en vint de cent et deux cents lieues le lendemain et les jours suivants. Ces hommes appartenaient indistinctement à toutes les classes de la société. Il y avait beaucoup de paysans, beaucoup de bourgeois, beaucoup de grands propriétaires et de nobles. »

Le drame va durer quatre jours. Le 23 juin, tout le Paris ouvrier s'est soulevé, cent mille insurgés peut-être, et les barricades s'élèvent dans toute la moitié est de la ville. Comme Morny quelques mois plus tard, comme Thiers en 1871, Cavaignac laisse se développer l'insurrection afin de mieux l'écraser. Il n'est pas question de maintenir l'ordre, mais bien de liquider la classe ouvrière parisienne. Durant quatre jours, la capitale va être le terrain de combats atroces, rue par rue, carrefour par carrefour ; un combat sans pitié, silencieux, désespéré.

Bien sûr, du côté des vainqueurs, l'on prêtera toutes les atrocités aux insurgés, les prisonniers torturés, et massacrés, les pillages, les « bon pour viols » trouvés soit-disant sur les cadavres de certains ouvriers. Et comme le sang ne suffit pas, Victor Hugo y ajoutera de la fesse, laissant libre cours à ses fantasmes.

Ces quatre jours de batailles furent atroces de part et d'autre. Le général Bréa, prisonnier des insurgés, est assassiné. Mgr Affre, archevêque de Paris, qui tentait de s'interposer, est abattu dans le dos par la garde nationale catholique. Les excès sont bien évidemment tous imputés aux ouvriers, et pourtant, E. Renan témoigne dans une lettre à sa sœur : « J'ai vu de près les insurgés ; nous avons été un jour et une nuit entre leurs mains, et je puis dire qu'ils surpassaient en modération ceux qui les combattaient. Les excès furent presque uniquement l'œuvre des défenseurs de l'ordre. »

Qu'importent les détails ! le 26 juin, les troupes de Cavaignac enlèvent la dernière barricade. La canaille, comme dirait Hugo, est vaincue. La « société » a perdu sept cent trois hom-

Les fantasmes de Victor Hugo

La barricade fut dressée dès le vendredi matin 23 juin à la porte Saint-Denis... Une femme parut sur la crête de la barricade, une femme jeune, belle, échevelée, terrible. Cette femme, qui était une fille publique, releva sa robe jusqu'à la ceinture, et cria aux gardes nationaux dans cette affreuse langue de lupanar : "Lâches, tirez, si vous l'osez sur le ventre d'une femme." La garde nationale n'hésita pas. Un feu de peloton renversa la misérable. Une seconde femme apparut, plus jeune et plus belle encore... 17 ans à peine. C'était encore une fille publique. Elle leva sa robe, montra son ventre, et cria : "Tirez brigands." On tira. »

mes, et du côté des ouvriers, les chiffres officiels avoisinent les trois mille trente-cinq cadavres, sans compter tous ceux que l'on a jetés à la Seine. Mais en quelques jours, la rente passe de soixante-huit francs à soixante-dix-neuf francs vingt-cinq. Reste à assurer la répression de façon à être tranquille pour un certain nombre d'années. Le nombre des fusillés sans jugement dépasse les mille cinq cents. Celui des insurgés qui bénéficient des rigueurs du tribunal s'élève, lui, à onze mille cinquante-sept. L'Algérie et Cayenne font le plein. Paris est occupé par quatre-vingt mille soldats. Les clubs socialistes sont tous fermés, et pour éviter que l'on épilogue trop sur cet épisode une loi vient museler la presse. Dans le dernier numéro de son journal, Lamenais écrit : « Il faut aujourd'hui de l'or, beaucoup d'or, pour jouir du droit de parler. Nous ne sommes pas assez riches. Silence au pauvre. »

Il n'aura fallu que quatre mois à Lamartine, Arago, Tocqueville, et autres Victor Hugo pour se débarrasser de la royauté et réduire au silence la classe ouvrière. Que vont-ils faire maintenant de leurs victoires ?

Prise des barricades de la Villette (26 juin 1848).

Ce qui adviendrait si l'on voulait tenter de nouveau le passage du Rubicon. Gravure de Daumier.

II. *Le fond du problème*

Le manichéisme est le péché capital que l'on ne pardonne pas à l'historien. De la nuance avant toute chose. Rien, ni personne n'est jamais tout blanc ou tout noir. Pourtant, qu'on le veuille ou non, la France, au milieu du XIXe siècle, est manichéenne, et l'histoire de ces trois années qui vont de la chute de Louis-Philippe à l'avènement de Napoléon III, est celle de l'affrontement entre cette moitié de la France qui crève de faim, et cette autre moitié qui crève de peur. Il n'est pas possible de comprendre comment Louis-Napoléon Bonaparte, qui parle si mal le français, sans argent, sans journaux, sans parti, ridiculisé par ses tentatives aventureuses de Strasbourg et de Boulogne, a pu, en quelques mois, réaliser le hold-up du siècle, en s'emparant de la République pour en faire un Empire, si l'on ne veut pas voir ce qui, pour tous les Français en 1850 est le seul vrai problème : l'affrontement entre les rouges et le parti de l'ordre.

UN ANIMAL NOUVEAU : LE PROLÉTAIRE

Et tout d'abord, y a-t-il vraiment un problème ? Peu avant la chute de Louis-Philippe, le baron Dupin s'écriait à la chambre des Pairs : « Je ne craindrai pas de le répéter : la classe ouvrière en France est heureuse. »

Victor Considérant lui répond : « Messieurs les économistes, allez constater les chiffres de mortalité dans les manufactures où l'on opère sur l'antimoine, l'arsenic, le cuivre et le mercure ; où l'on fabrique et broie des couleurs : là les plus vieux ont trente ans. Trente ans, c'est la durée suprême de la vie ! Et le père introduit son enfant après lui dans ce guet-apens : il faut bien gagner le pain. »

Alors ? Bagne ou paradis ? Depuis quelques années, les manufactures se sont multipliées. La France est en voie d'industrialisation. La production de houille atteint cinq millions de tonnes par an. Cinq mille machines à vapeur fonctionnent dans les usines. Deux mille kilomètres de rails partent désormais de Paris, l'industrie textile est en plein essor à Lyon, en Alsace, à Rouen, dans le Nord. Pour extraire le charbon, faire marcher ces machines, ces métiers à tisser, poser ces rails, il faut des dizaines de milliers d'ouvriers qui s'entassent dans les faubourgs des villes. Avec l'industrialisation, apparaît une nouvelle race d'homme : le prolétaire.

Et ce type d'homme inconnu, la France le découvre... lorsqu'elle ne ferme pas pudiquement les yeux pour ne pas le voir. L'enquête de Villermé sur la condition ouvrière dans l'industrie textile dresse un tableau d'autant plus terrible que le Dr Villermé est loin d'être un socialiste. Bien au contraire, c'est un bon bourgeois, honnête mais bien pensant, qui va sillonner la France de Louis-Philippe pour découvrir la vie de ces nouveaux sauvages : les prolétaires.

Villermé commence par l'Alsace : « Une multitude de femmes pâles, maigres, marchant pieds nus, au milieu de la boue (...) et un nombre encore plus considérable de jeunes enfants, non moins sales, non moins hâves, couverts de haillons, tous gras de l'huile des métiers tombée sur eux pendant qu'ils travaillent (...) Ils portent à la main, ou cachent sous leur veste le morceau de pain qui doit les nourrir jusqu'à l'heure de leur rentrée à la maison. Mais à la fatigue d'une journée déjà longue, puisqu'elle est au moins de 15 heures, vient se joindre celle de ces allers et retours si pénibles. »

Dans les fabriques de mousseline, à Tulle : « Ils travaillent habituellement dans une température de 32 à 38 degrés. Les femmes, employées dans les ateliers si chauds, sont presque toutes âgées de 16 à 26 ans, l'expérience ayant appris que les jeunes supportent mieux que les autres une pareille chaleur. »

Mais c'est peut-être dans la soie que les conditions sont les plus dures : « Il est difficile de se faire une idée de l'aspect sale, misérable des femmes employées au tirage de la soie, de la malpropreté horrible de leurs mains, du mauvais état de santé de beaucoup d'entre elles, et de l'odeur repoussante, sui generis qui s'attache à leurs vêtements, infecte les ateliers, et frappe tous ceux qui les approchent. A ce travail, s'ajoute encore la douleur qu'il cause par la sensibilité qu'acquiert le bout des doigts plongés à chaque instant dans l'eau bouillante ou presque bouillante des bassines. »

Partout, la journée de travail est de quinze heures, parfois de seize ou dix-sept, et pour tout le monde, hommes, femmes et enfants. La discipline est militaire à l'intérieur des ateliers, et l'on cite une fabrique moderne où non seulement il est interdit aux ouvrières de parler, mais où elles ont l'obligation de chanter des cantiques en travaillant. Des cantiques à la Vierge Marie avec les mains dans des bassines d'eau bouillante, et cela quinze heures par jour !

DES SALAIRES DE MISÈRE

Non seulement les conditions de travail sont épouvantables, mais les salaires sont dérisoires. Si le salaire d'un ouvrier approche parfois les deux francs par jour, celui des femmes ne dépasse jamais un franc, c'est-à-dire vingt sous. Moins de trois livres de pain pour quinze heures de travail. Celui des enfants atteint péniblement dix sous par jour : un demi-franc. Les tisserands en coton, rapporte Villermé, gagnent dix-huit sous par jour pour dix-sept heures de travail quotidien. A Rouen, le budget d'une famille dont le père et la mère travaillent régulièrement, s'établit ainsi :

— salaire du père : un franc quatre-vingt-sept par jour ; cinq cent soixante et un francs par an ;

— salaire de la mère : un franc par jour ; trois cents francs par an ;

soit au total huit cent soixante et un francs par an. Si cette famille a deux enfants, et si le pain ne coûte que trois sous la livre, il faut, pour vivre, neuf cent douze francs cinquante par an. « Cette famille ne peut donc subsister » conclut Villermé. Un filateur de Rouen, donc un patron, dont le témoignage ne peut être suspect, a calculé que sur cent ouvriers supposés continuellement employés dans sa filature, soixante et un,

A treize ans dans un atelier d'équarrissage

« Le travail m'était payé six sous par jour avec un morceau de pain par-dessus le marché. Le pain valait six sous la livre. Je cassais, à l'aide d'une hache, les os qu'on rangeait dans de grandes bassines pour les faire cuire. Je nettoyais aussi les débris de l'abattoir, qui étaient fort lourds et que je transportais avec une peine inouïe deux cents mètres plus loin sur une brouette que j'avais encore plus de mal à renverser. »

Quelques années plus tard, il a seize ans, et s'embauche dans une filature de laine à Amiens :

« Je me trouvais à la fabrique avant six heures... A l'heure du déjeuner, un ouvrier me demanda pourquoi je ne mangeais pas. Je lui répondis que c'était parce que je n'avais rien à manger. Il partagea son repas avec moi. Je lui appris qu'à défaut de logement, je couchais dans les voitures de roulage. Il me promit de me conduire chez une bonne vieille qui pourrait m'abriter. Le travail à la fabrique se terminait à neuf heures du soir, mais on ne sortait qu'un quart d'heure plus tard, au son de la cloche. Il y avait une heure et demie à parcourir pour aller chez la bonne femme. Seize jeunes ouvrières logeaient dans cette maison. Leur salaire variait de quatre-vingt centimes à un franc dix par jour. Elles se contentaient de deux soupes par jour avec du pain. Chaque soupe leur revenait à un sou. Le dimanche, la logeuse faisait cuire une tête de vache, trempait la soupe grasse à midi et vendait chaque portion de tête trois sous. Le pain valait sept sous la livre. J'en consommais une livre par jour, mais j'en aurais bien mangé le double, ce qui m'était impossible puisque je ne gagnais que vingt-deux sous. Avec ce long trajet à faire deux fois par jour, il ne me restait que cinq heures pour dormir. »

Témoignage de Norbert Truquin

c'est-à-dire les deux tiers ne gagnent pas assez pour se procurer le strict nécessaire.

Naturellement, pour tous les gens de bonne compagnie, tout cela est naturel et si les ouvriers sont malheureux, c'est de leur faute : « Si le vice abonde dans les villes, s'il y tient école, table et lit ouvert, c'est en grande partie parce que le taux des salaires y est plus élevé qu'ailleurs. Car plus les ouvriers gagnent, plus ils peuvent aisément satisfaire leurs goûts de débauche » affirment très sérieusement des notables à Villermé.

Et M. Hyppolyte Passy écrit à la Société de tempérance d'Amiens : « Les salaires suffiraient s'ils étaient employés avec réserve et sagacité pour créer une sorte de bien-être, mais l'usage en est mal entendu. Les dépenses se font au jour la journée, sans soin, sans prévoyance du lendemain, et l'on est amené à reconnaître que, quelque exiguë que soit la part du pauvre, c'est l'art de l'appliquer à ses besoins réels, la capacité de prévoir l'avenir qui lui manque, et que de là vient sa détresse plus souvent que de toute autre cause. »

Ah, le brave homme que ce M. Hypolyte Passy ! C'est que l'idée est généralement partagée : les salaires resteraient très largement suffisants (vous pensez : un kilo de pain pour quinze heures de travail ! Que veulent-ils donc de plus ces barbares ? De la brioche peut-être ? De la viande ? Au fou !). Mais les ouvriers sont tous gangrenés par les vices : la boisson et les femmes. Tous les prolétaires sont des ivrognes et toutes leurs femelles des filles publiques (voyez Victor Hugo !). Villermé rapporte qu'à Reims : « Quand une jeune femme quitte son travail le soir, on dit qu'elle va faire son cinquième quart de journée... Il y a peut-être cent enfants au-dessous de quinze ans qui n'ont pas d'autres moyens d'existence (que la

Dépôt général
rue des Marais-Saint-Germain, 17.

Prix 5 centimes.

Rue des Gravilliers, 25.
Rue Saint-Jacques, 41.

L'ÉTOILE DE LOUIS

NAPOLÉON BONAPARTE

ÉTRENNES A L'ÉLU DU PEUPLE.

NOUVEAU
TRAIT DE BONTÉ
DE
L.-Napoléon Bonaparte.

En lisant les différents écrits qui sont sortis de la plume de Louis-Napoléon Bonaparte, on a pu se convaincre de la bonté de son cœur; car n'oublions pas ce mot d'un écrivain immortel :

« Le style, c'est l'homme.

Voici un nouveau trait de bonté dont nous croyons pouvoir garantir l'authenticité.

Comme on demandait au jeune Président de la République de nommer à l'Élysée-National un gouverneur militaire, Louis-Napoléon Bonaparte a répondu : « Je nomme gouverneur le capitaine de gendarmerie qui m'a arrêté à Strasbourg. »

Le ministre de la guerre a fait rechercher le capitaine en question, qui est aujourd'hui chef d'escadron ; il est attendu pour être installé comme gouverneur de l'Élysée-National.

« Gouverner, ce n'est « plus gouverner les peu- « ples par la force et la vio- « lence, c'est les conduire « vers un meilleur avenir, « en faisant appel à leur « raison et à leur accord. »

—

« La classe ouvrière ne possède rien, il faut la rendre propriétaire. Elle n'a de richesses que ses bras, il faut donner à ces bras un emploi utile pour tous; elle est comme un peuple d'ilotes au milieu d'un peuple de sybarites. Il faut lui donner une place dans la société et attacher ses intérêts à ceux du sol. Enfin, elle est sans organisation et sans liens, sans droits et sans avenir : il faut lui donner ses droits et un avenir, l'éducation, la discipline..

. . . .

« La pauvreté ne sera plus séditieuse lorsque l'opulence ne sera plus oppressive; les oppositions disparaîtront et les prétentions surannées qu'on attribue, à tort ou à raison, à quelques hommes, s'évanouiront. »

Extinction du Paupérisme,
par Louis Napoléon Bonaparte.

prostitution) dont dix ou douze n'ont pas atteint leur douzième année. »

Ah, elles ont le vice dans la peau ces petites d'ouvriers, constate le bon père de famille en reboutonnant son pantalon et en jetant une pièce de dix sous à la gamine de treize ans... avant d'aller à la grand-messe.

Salaires de misère, cela veut dire conditions de vie épouvantables. C'est Blanqui qui nous les décrit. Non, pas Auguste, le rouge, l'épouvantail, mais son frère Adolphe, membre de l'Institut, bien pensant lui, mais clairvoyant. A Lille, constate-t-il, le peuple vit dans des caves, des « fosses à homme » dans une « atmosphère pestilentielle », couché sur des « fanes pourries de pomme de terre ». « Serait-il donc permis de louer des logements qui tuent quand il est défendu de vendre des aliments insalubres ? » se demande Blanqui ! Dans un rapport à la municipalité, le Dr Gosselet note : « Sur vingt et un mille enfants qui naissent, il en meurt avant l'âge de cinq ans, vingt mille sept cents. »

Sur l'ensemble du territoire, les chiffres de Blanqui se passent de tous commentaires : il y a « quatre millions d'indigents "reconnus", et quatre millions d'indigents "honteux" soit huit millions de Français sur trente-six, entièrement dépourvus de moyen d'assurer leur subsistance. » Comme le dit le baron Dupin : la classe ouvrière en France est heureuse.

L'ÉPOUVANTAIL ROUGE

On comprend que cette masse de misérables, de rouges, fasse peur aux nantis. Et pourtant ! La classe ouvrière est loin de former un tout politiquement conscient. Lorsque l'on travaille seize heures, plus deux heures de trajet, avec pour toute nourriture du pain et une soupe à l'eau, il reste peu de temps et peu d'énergie pour réfléchir ! Le mauvais alcool des estaminets possède en effet un attrait supérieur car, lui, il donne le rêve sur-le-champ. De plus, le chômage fait circuler les ouvriers à travers toutes les régions industrielles sans guère permettre de se fixer durablement en un endroit, de s'implanter. Les traditions batailleuses du compagnonnage — il suffit de se rappeler les souvenirs d'Agricol Perdiguier — forment également un obstacle de poids. Rares sont, en 1850, les ouvriers politiquement engagés. Seule une minorité de typographes, ou des chefs de métiers à tisser comme Turquin, commence à penser à ces problèmes. L'immense majorité ne constitue qu'une masse qui crève de faim et d'épuisement, capable tout au plus de coups de désespoir, comme en juin 1848. C'est peut-être là la plus grande différence avec la Commune, vingt ans plus tard : en 1871, les ouvriers parisiens se battent par espoir de changer leur condition ; en 1848, ils se battaient seulement par désespoir, pour ne pas mourir de faim.

L'organisation politique des « rouges » est le fait d'artisans et de petits-bourgeois, intellectuels et professions libérales. Depuis le début de l'industrialisation, on a vu fleurir les doctrines socialistes : Saint-Simoniens, Fouriéristes, Proud'honiens, communistes de Cabet. Mais aucune de ces chapelles de pensée n'a de base ouvrière. Bien mieux, certaines d'entre elles comme le Saint-Simonisme constituaient un véritable vivier pour le grand capitalisme qui est en train de naître, et Proud'hon fera plus que flirter avec Louis-Napoléon en qui il voit le sauveur suprême de la classe ouvrière.

Restent, dès lors, les partis révolutionnaires qui, sans grande base doctrinale, veulent renverser la société pour la remplacer par une autre, plus juste, plus fraternelle, issus des sociétés secrètes de la restauration. Ces petits partis extrémistes savent comment ils veulent agir — par la force —, sans trop se soucier de ce qu'ils construiront à la place. 1848 a marqué leur apogée. Le club de Barbès, ou celui de Blanqui, rassemblent des milliers d'adhérents, les plus convaincus, les plus décidés. Ils constituent une force certaine encore grossie, pour leurs adversaires, par l'effroi qu'ils inspirent. Malheureusement, ces partis — nous dirions aujourd'hui gauchistes — sont plus que divisés. Barbès dépense plus d'énergie à lutter contre Blanqui qu'à combattre Lamartine. Comme le note l'un de ces rares ouvriers qui s'éveillait alors à la conscience politique, et qui sera bientôt élu député, J. Benoît, dans ses *Confessions d'un prolétaire* :

« Barbès ne sait pas faire taire ses ressentiments et les sacrifier au triomphe de la République. La rivalité de ces deux hommes (Barbès et Blanqui) fut funeste en ce sens qu'elle divisa la fraction active de la révolution et la neutralisa par les dissensions et les récriminations rétrospectives. »

C'est, hélas, un phénomène courant dans la gauche française et sous la Commune, Delescluze et Félix Pyat, anciens lieutenants de Barbès en 1848, n'oublieront pas leur antiblanquisme.

« La France est sauvée. »

Pour l'instant, le danger représenté par ces partis extrémistes a été écarté. Barbès et Blanqui, arrêtés après la journée du 15 mai, sont en prison. Les journaux qui ne disposaient pas de gros capitaux sont interdits, les clubs dissous. L'avant-garde de la classe ouvrière a été décapitée à Paris, et la masse, massacrée par Cavaignac. A Paris tout du moins, car le phénomène le plus important de ces trois années et que les historiens traditionnels — obnubilés par Paris — n'ont pas su voir, c'est l'évolution de certaines campagnes. Les travaux de Vigier et d'Agulhon mettent aujourd'hui en pleine lumière l'importance de l'adhésion au parti « rouge » d'une grande partie du Sud-Est de la France. Adolphe Blanqui, toujours perspicace, constate en 1850 « le fait nouveau de la situation présente, c'est l'événement politique de ces populations rurales appelées à mettre un poids immense dans la balance de nos destinées, et peut-être à dominer par leurs voix, l'influence exercée naguère par la population des villes ».

La crise continue de sévir dans l'agriculture en 1850. Jamais les prix agricoles n'ont été plus bas : le blé est tombé de vingt-neuf francs quarante-six l'hectolitre en 1847, à quatorze francs trente-trois en 1851, et le vin de quarante francs quatre-vingt-cinq à vingt-huit francs huit. Les paysans, obligés d'emprunter aux notaires, ne peuvent rembourser leur hypothèque et les expropriations se multiplient. La misère dans les petites villes de province et dans les bourgs est au moins égale à celle des grandes villes industrielles. Ainsi, à Sisteron, comme le note Vigier : « Les matières excrémentielles jetées au milieu de la rue vont aider à la putréfaction des matières végétales qui y sont déposées dans l'intérêt agricole. Les logements sont partagés avec les bêtes. Il n'y a en tout que quatre fontaines dans cette ville de cinq mille habitants.

Une seule chambre sert de logement à toute une famille. Moins de la moitié de la population sait lire et écrire. »

Sous l'influence de militants professionnels, véritables Blanqui locaux, tels Langomazino, ancien ouvrier toulonnais, ou Ailhaud, garde forestier révoqué, ces populations essentiellement rurales vont s'arracher à l'influence traditionnelle de l'Eglise et des notables. En quelques mois, les « rouges » font des progrès stupéfiants et le *Journal des Basses-Alpes* du 6 mai 1849 constate, effrayé : « Il n'est pas un bon citoyen qui ne frémisse en voyant avec quelle activité impie le parti qui a déclaré la guerre à la Société se dévoue, depuis quelque temps, à la démoralisation de nos campagnes. Notre pauvre département, malgré son éloignement des grands centres, et quoique les idées d'ordre y soient fortement enracinées, n'a pas échappé à cette détestable propagande. »

S'appuyant sur les formes traditionnelles de vie collective, notamment les chambrées, utilisant toutes les ressources du folklore, carnaval et autres, le Parti rouge multiplie les manifestations. Des paysans envahissent un château dans la Drôme pour exiger le remboursement d'amendes que la chatelaine leur a infligées. La troupe et l'autorité judiciaire qui volent au secours de la hobereaute doivent reculer. Toujours dans la Drôme, des paysans envahissent le château du maire, drapeau rouge en tête, et réclament des fusils. A Saint-Etienne-des-Orgues dans les Basses-Alpes, le juge de paix est lapidé et la maison du maire, notaire de surcroît et l'un des plus riches du département, est attaquée. Dans les mas, les portraits de Robespierre fleurissent au-dessus des cheminées. Une flambée d'anticléricalisme dévore le pays aux cris de « vive Jésus le montagnard, à bas l'Eglise des riches ! », et l'évêque de Grenoble implore les autorités : « Tout le clergé sera bientôt sous le joug de l'anarchie et de la terreur si l'autorité ne se hâte pas d'y porter remède. »

Mais le mouvement s'organise, se discipline, se dote de moyens. Dès 1848, le Journal marseillais, « La voix du peuple », pénètre dans les Basses-Alpes. Langomazino crée à Manosque, une organisation, la « solidarité des travailleurs », partie syndicat, partie section politique, partie chambrée traditionnelle. Les élections sont des séries de succès. Buisson est élu maire de Manosque et prétend pratiquer une politique de classe en s'appuyant sur le peuple contre les riches ». Révoqué par le gouvernement pour abus de pouvoir, il est triomphalement réélu. Les rouges sont élus à Valensole, à Mane, à Simiane, à Moustiers, et le procureur de la République de Digne constate avec autant de dépit que de crainte : « Les électeurs n'ont voulu composer les conseils municipaux que de cultivateurs et d'ouvriers. »

Les élections législatives de 1849 sont un nouveau succès, et les rouges, avec une moyenne de treize mille trois cent dix voix sur vingt quatre mille cinq cent trente-quatre enlèvent deux sièges, Fortoul, le candidat bonapartiste du parti de l'ordre n'obtenant le dernier siège qu'avec trois voix d'avance, et grâce à de nombreuses manipulations des urnes.

Et ce parti rouge, organisé, dynamique, ne cache pas ses prises de positions extrémistes et socialistes. Le 17 mars 1848, à Manosque, Buisson fait un discours devant plusieurs centaines de militants : « Jusqu'à ce jour, le peuple n'avait pas eu de patrie. Etait-elle une patrie pour lui, cette terre inhospitalière où, obligé de vivre en paria, il était encore soumis à une loi presque toujours dirigée contre ses intérêts ?... que le peuple, gardien de la propriété des riches, ne soit pas toujours, à l'avenir, privé de toutes les jouissances. »

Quant à Ailhaud de Volx, bien qu'ignorant tout du Manifeste que K. Marx vient d'écrire, il lève son verre, sous un tonnerre d'applaudissements : « A l'abolition de l'exploitation de l'homme par l'homme ».

Et ce qui se passe dans les Basses-Alpes, on le retrouve, à un degré moindre, car il n'y a pas de Langomazino et de Ailhaud partout, dans le Var, le Vaucluse, la Drôme, l'Hérault, le Gers, le Lot-et-Garonne, la Nièvre, la Creuse, le Cher, l'Yonne...

Le général Saint-Arnaud.

LA GRANDE PEUR DES HONNÊTES GENS

Face à ces rouges des villes et des champs, le parti de l'ordre regroupe tout ce que le pays compte de nobles, grandes familles et petits hobereaux, de bourgeois, gros banquiers et petits commerçants, industriels et notaires, rentiers et professions libérales avec l'appui de l'Eglise et de l'Armée. Et pourtant le parti de l'ordre est aussi divisé, sinon plus, que les rouges. Les légitimistes ne pardonnent pas 1830 aux Orléanistes, et brandissent le drapeau blanc contre le drapeau tricolore. Les Orléanistes hésitent entre une royauté sans Louis-Philippe et une République dirigée par eux. Les Républicains modérés ne savent plus trop comment instaurer une République après avoir massacré ceux qui l'ont établie. D'ailleurs, ils ne savent trop quoi faire de cette République. Et puis voici qu'un nouveau clan surgit, les Bonapartistes dont on ne sait s'ils sont républicains ou non, qui s'appuient sur les Orléanistes tout en lançant des œillades aux rouges.

Mais il est une chose qui unit toutes ces fractions du parti de l'ordre, c'est la peur. La peur de perdre leurs biens, la peur des rouges. Comme l'avait écrit Châteaubriand dès 1833, le problème des ouvriers paraît insoluble : « Pour dernière ressource, il vous faudra tous les tuer ».

Quel problème ouvrier ? « La classe ouvrière en France est heureuse », et l'industriel Sevaistre, député à l'Assemblée constituante, de renchérir : « Les chefs d'industrie ont toujours considéré leurs ouvriers comme leur famille, et ce qui les soutient dans une carrière souvent difficile (celle de patron bien sûr, pas celle d'ouvrier) c'est précisément la satisfaction intérieure de faire vivre, quelquefois dans l'aisance, de nombreux ouvriers ».

Il n'y a pas de problème ouvrier. Il n'y a rien à changer. La classe ouvrière en France est heureuse. Aborde-t-on la question du travail des enfants — quinze heures par jour dans les pires conditions — que le philosophe de Victor Cousin s'émeut : « L'admission des enfants dans les fabriques dès l'âge de huit ans, est, pour les parents un moyen de surveillance, pour les enfants un commencement d'apprentissage, pour la famille, une ressource. L'habitude de l'ordre, de la discipline, du travail, doit s'acquérir de bonne heure ». D'ailleurs, ce problème ouvrier n'est-ce pas d'abord et avant tout, celui des vices des ouvriers ? Comme l'écrit Flaubert : « Quand les basses classes voudront se débarrasser de leurs vices, elles s'affranchiront de leurs besoins ; que le peuple soit plus moral, il sera moins pauvre ».

Quel problème ouvrier ? Celui des ressources ? Allons donc. « Il n'y a pas de gens trop riches et il n'y a pas de gens trop pauvres » affirme, péremptoire, l'historien Wallon. D'ailleurs, il faut bien des riches pour faire la charité aux pauvres, et c'est l'admirable tirade de Thiers « Le riche est bienfaisant quelquefois et alors il quitte ses palais pour aller visiter la chaumière du pauvre, bravant la saleté hideuse, la maladie contagieuse, et quand il a découvert cette jouissance nouvelle, il s'y passionne, la savoure... Supposez la suppression de toute richesse et de toute misère... vous auriez supprimé, la plus douce, la plus charmante, la plus gracieuse vertu de l'humanité. »

Dire que ces prolétaires, abrutis par l'alcool et le vice, ne comprennent pas les jouissances délicates de la charité ! Ah oui, ce sont bien des sauvages, des barbares, pas tout à fait des hommes.

« Un rouge n'est pas un homme, c'est un rouge, affirme Wallon, c'est un être déchu et dégénéré... Une physionomie abrutie, abattue, les yeux ternes, fuyants comme ceux du cochon, la bouche muette et insignifiante comme celle de l'âne. »

Et le « Petit manuel du paysan électeur » de 1849 complète le tableau : « Les rouges sont un ramassis d'aventuriers, d'hommes ruinés, criblés de dettes, échappés des prisons et des galères. Mais où veulent-ils en venir ? Parbleu, c'est tout clair : A mettre la main dans vos poches. Et ils prendront encore ta femme à ton nez, et tu n'auras rien à dire ».

Le « catéchisme électoral » du vicomte d'Arlincourt reprend le thème avec un zeste d'humour qui fait tout le charme de cet esprit brillant : « Qu'est-ce que la Fraternité ? le besoin généralement senti par le pauvre de piller la fortune des riches, et s'il le faut, de le tuer. Qu'est-ce que le travailleur ? L'ouvrier qu'on paye et qui ne travaille pas. Quel est le but du socialisme ? C'est de prendre à ceux qui possèdent légitimement, pour donner à ceux qui n'ont aucun droit ».

Les plus grands noms de la littérature, les plus profonds penseurs partagent cette crainte. Ce n'est pas un simple problème politique, c'est une question éthique, spirituelle. C'est la civilisation elle-même qui est en jeu.

Toujours lucide, Tocqueville constate que règne dans le pays « une terreur qu'on ne saurait comparer qu'à celle que devait éprouver les cités civilisées du monde romain, quand elles se voyaient tout à coup au pouvoir des Vandales et des Goths ». Des barbares vous dis-je que ces rouges. D'ailleurs, le comte de Vigny spécialiste en matière de loups, ne les qualifia-t-il pas « malfaiteurs et de bêtes féroces ». Ne menacent-ils pas « la famille et la propriété, ces bases saintes sur lesquelles repose la civilisation » selon V. Hugo qui déclare à Lamartine lors des journées de juin « Ce n'est pas vous seulement qui êtes en jeu, c'est l'Assemblée, c'est la France, et ce n'est pas seulement la France, c'est la civilisation toute entière ».

Les fantasmes de Flaubert

« Frédéric entrevit, dans un éclair, un flot d'hommes aux bras nus, envahissant le grand salon de Mme Dombreuse, cassant les glaces à coups de piques... Tout à coup, la Marseillaise retentit, Frédéric se pencha sur la rampe ; c'était le peuple. Il se précipita dans l'escalier en secouant à flots vertigineux des têtes nues, des casques, des bonnets rouges, des baïonnettes, et des épaules, si impétueusement que des gens disparaissaient dans cette masse grouillante qui montait toujours comme un fleuve refoulé par une marée d'équinoxe avec un long mugissement sous une impulsion irrésistible.

Hugonet remarqua :

— Les héros ne sentent pas bon.

... Des galériens enfonçaient leurs bras dans la couche des princesses et se roulaient dedans par consolation de ne pouvoir les violer. D'autres, à figure plus sinistre erraient silencieusement cherchant à voler quelque chose... Dans l'antichambre, debout sur un tas de vêtements, se tenait une fille publique, en statue de la Liberté, immobile, les yeux grands ouverts, effrayante... »

Flaubert, « L'éducation sentimentale »

Mais il n'est plus l'heure de constater, de rechercher des causes, ni de prier. Depuis 1848, la guerre est déclarée. Il faut songer à se battre, à se défendre, à anéantir les bêtes fauves, les barbares, les vandales, les anthropophages. « C'est la société elle-même qui est en péril, annonce le comte Molé à ses électeurs bordelais le 25 septembre 1848. La lutte est engagée entre la civilisation et la barbarie. »

Et le ton se durcit. Le parti de l'ordre a peur, donc il devient féroce. Persuadé d'être anéanti, il ne songe plus qu'à prendre les devants et à anéantir avant de l'être. Comme l'écrit Renan à sa sœur le 1er juillet 1848 : « Quelque chose de dur, de féroce, d'inhumain s'introduit dans les mœurs, et le langage. Les personnes d'ordre, ceux qu'on appelle les honnêtes gens, ne demandent que mitraille et fusillade ».

Oui, l'ouvrier est dans les rues, et il faut le tuer avant qu'il ne nous égorge. Le voilà le vrai problème ouvrier pour les honnêtes gens. On ne pense plus qu'en termes de guerre. « Quelles bêtes brutes et féroces ! s'écrie le maréchal Bugeaud en parlant des rouges. Comment Dieu permet-il aux mères d'en faire comme cela ! Ah voilà les vrais ennemis, et non pas les Russes ou les Autrichiens. »

Même son de cloche chez Morny, le demi-frère de Louis-Napoléon : « Le socialisme fait des progrès effrayants… il ne restera plus qu'à prier messieurs les cosaques de nous aider. Votre fierté nationale va se révolter ? Mais croyez-moi, si vous voyiez un socialiste de près, vous n'hésiteriez pas à préférer un cosaque. Mon patriotisme s'arrête là ».

Et Wallon lance un vibrant appel aux armes : « Voyez-vous dans le lointain cette tourbe qui grouille et se tord sous la débauche du socialisme : ce sont les barbares qui s'avancent. A vos armes, vous tous qui possédez… A vos armes, citoyens propriétaires. Voici les socialistes qui s'avancent : les barbares sont à nos portes, ils veulent détruire la propriété, décapiter le capital. Aux armes. Aux armes, vous qui loin du monde, vivez dans le sanctuaire de la famille. Aux armes, car cette compagne aimante, cette fille chérie, demain peut-être vous seront violemment ravies. Ne faut-il pas des génératrices aux phalanstères, des femelles aux socialistes de toutes écoles... La société du mal s'avance contre la société du bien. Satan s'arme contre Dieu ».

PROPRIÉTÉ, FAMILLE, RELIGION...

La doctrine de ce parti de l'ordre qui rassemble toutes les honnêtes gens et, à de très rares exceptions près, tous les grands esprits, est en fait fort sommaire, et tient en trois mots : « Propriété, Famille, Religion ». Encore la religion est-elle plus un moyen de défense, une arme, qu'un principe et les sentiments religieux d'un Thiers, d'un Morny ou d'un Victor Hugo sont-ils plus que douteux. La famille relève elle, du fantasme. Les braves gens qui composent le parti de l'ordre sont obsédés par l'idée de viol. Nous retrouverons ce mythe lors de l'insurrection du 2 décembre, nous l'avons déjà vu lors des journées de juin, alors qu'il ne repose sur aucune réalité. Viol et fille publiques sont une obsession commune des années 1850. Voyez Victor Hugo et ses stripteases sur barricades, voyez Flaubert. Peut-être y a-t-il là une sorte d'exutoire intellectuel reporté sur l'adversaire ? Peut-être qu'à force de se payer pour quelques sous des filles d'ouvriers, les braves bourgeois craignent réellement un retour de manivelle ?

Reste la propriété qui est bien le fondement, l'essence même du parti de l'ordre ; cette « base sainte sur laquelle repose la civilisation » selon Victor Hugo. « La propriété est une chose juste en soi — affirme Wallon dans son manifeste — fatale, nécessaire, indispensable à l'ordre social, à la civilisation et au progrès... C'est un droit naturel, une institution divine. »

Le grand mot est lâché. La propriété n'est pas un droit, c'est une religion, une métaphysique. Flaubert la salue en des termes identiques : « Alors la propriété monta dans les respects au niveau de la religion, et se confondit avec Dieu. Les attaques qu'on lui portait parurent du sacrilège, presque de l'anthropophagie ».

Voilà le vrai problème qui se pose en 1850 : la guerre entre la faim et la propriété, tout le reste n'est même pas littérature puisque la littérature se confond dans la propriété et fait la guerre sous sa bannière. Pour mener ce combat, le parti de l'ordre semble disposer de tous les moyens et de toutes les armes. Il domine la Normandie, la Bretagne, la Vendée, le Poitou, la Picardie, la Champagne. Il dispose de tous les moyens d'information. Tous les chefs « rouges » sont arrêtés, emprisonnés ou exilés. La classe ouvrière parisienne panse ses blessures et enterre ses morts : il lui faudra des années pour se remettre des journées de juin. Le parti de l'ordre possède en outre, toute la puissance intellectuelle du pays, et tout l'argent. Il contrôle l'administration, la gendarmerie, la police. La justice est à ses ordres. Et surtout, le parti de l'ordre a pour lui, les deux grands piliers de la société, l'Eglise et l'armée. L'Eglise ? puisque la propriété est divine, Dieu et son église sont nécessairement du côté de la propriété. Comme le déclare Montalembert, le chef du parti catholique, à la Tribune de l'Assemblée constituante en septembre 1848 : « Quel est le problème aujourd'hui ? C'est d'inspirer le respect de la propriété à ceux qui ne sont pas propriétaires. Or, je ne connais qu'une solution pour leur inspirer ce respect,

HISTOIRE DE LOUIS NAPOLÉON

c'est de leur faire croire à Dieu, au Dieu du catéchisme, au Dieu qui a dicté le Décalogue et qui punit éternellement les voleurs ».

Même les bourgeois voltairiens, les libres penseurs, les franc-maçons, les athées, s'ils ne croient pas en Dieu, croient en l'Eglise rempart de la propriété. Ainsi, Thiers, athée s'il en est : « Thiers dit hautement que le clergé est le dernier rempart de la Société, rapporte Veuillot, qu'il faut lui livrer le peuple, et que le curé de campagne nous préservera de l'apostolat communiste ».

Quant à l'armée, elle est toute acquise au parti de l'ordre. Nous avons vu son chef le plus prestigieux, le maréchal Bugeaud, le bon père Bugeaud, l'homme à la casquette, rêver de massacrer du rouge. Tous les officiers partagent cette opinion. N'appartiennent-ils pas tous à la noblesse, à la rigueur à la bourgeoisie ? Et ils ont gardé sur l'estomac, la défaite que le peuple parisien leur a infligée durant les trois affreuses, en février 1848. Bien sûr, la troupe est, elle, composée d'hommes du peuple. Mais la discipline militaire est là pour quelque chose. Il faudra attendre le 18 mars 1871 pour voir un sous-officier ordonner « la crosse en l'air » et les hommes refuser d'obéir à un général. En 1850, la troupe obéit à ses officiers, comme s'en réjouit le capitaine Mayer : « Ce qui fait la discipline de notre armée et par conséquent sa gloire, c'est qu'en dépit de la civilisation, des journaux et des livres, elle n'a jamais eu des idées, mais seulement des instincts » *(sic)*.

Et pourtant, possédant le pouvoir, la police, l'argent, l'Eglise, l'armée, le parti de l'ordre a peur.

Pourquoi ? Parce qu'il lui manque un chef, un sabre qui dirige tout cela et lui assure la destruction des barbares ou à tout le moins, le maintien à leur place, dans leurs chaînes. Lamartine ? Allons donc, il est juste bon à faire des discours.

Thiers ? trop tôt pour lui, et il a trop peur. Cavaignac ? il a certes réussi les journées de juin, mais il a beaucoup déçu depuis, et semble bien niais. Bugeaud ? le choléra vient de l'emporter. Changarnier ? peut-être, mais il est bien pommadé. Et pourtant il faut un sabre. C'est un appel désespéré que lance Romieu dans sa brochure « Le spectre rouge de 1852 » : « Cette société de procureurs et de boutiquiers est à l'agonie et si elle peut se relever heureuse, c'est qu'un soldat se sera chargé de son salut. Le canon seul peut régler la question de notre siècle... le sabre est devenu l'élément civilisateur... ô bourgeois votre rôle est fini. Il n'a que trop duré. L'ordre social a pour unique et seul soutien, non votre ridicule amas de codes, mais le fort rempart hérissé de baïonnettes et d'artillerie qu'on appelle l'armée ».

Le parti de l'ordre crève de peur dans l'attente d'un chef qui le rassure. N'importe qui, à n'importe quel prix : Louis-Napoléon peut paraître.

Gravure Ch. Vernier.

III. *Qui violera Marianne ?*

Encore faut-il, pour pouvoir violer un régime, que celui-ci existe. Il faut bien donner au sabre tant espéré, un semblant de légalité, ne serait-ce que pour avoir une bonne conscience, et les honnêtes gens détestent avoir mauvaise conscience. Cela trouble leur digestion. L'Assemblée constituante, après avoir écrasé les ouvriers parisiens, va donc se mettre au travail pour préparer une Constitution. Elle désigne une Commission de dix-huit membres, dont Odilon Barrot bien sûr, mais aussi Tocqueville. Celui-ci va pouvoir donner toute sa mesure de penseur politique et de spécialiste constitutionnel. Les précédentes constitutions avaient été rédigées sous l'influence de Montesquieu et reposaient sur l'équilibre des trois pouvoirs. Tocqueville, en quelques semaines, élabore un régime présidentiel proche de la démocratie américaine. Ce modèle de constitution plaît à tout le monde puisque, finalement, chaque parti voit dans le futur président — tout puissant — l'homme qui restaurera le régime de ses rêves.

UNE CONSTITUTION A L'AMERICAINE

Comme toujours, un préambule fixe les principes métaphysiques sur lesquels reposera la République : « La République Française a pour principes, la Liberté, l'Egalité, la Fraternité ».

Voilà pour la tradition, le folklore et la postérité.

Mais le préambule ajoute aussitôt : « Elle a pour base la famille, le travail, la propriété, l'ordre public ».

La trilogie du parti de l'ordre : famille-propriété-ordre. Quant au travail, attention, il ne s'agit pas du « droit au travail », réclamé par les rouges. Félix Pyat aura le courage, le 2 décembre 1848, de réclamer que ce droit au travail soit inscrit dans la Constitution : « Vive le travail ! Oui, citoyen, vive le travail, à bas les armes, à bas la faim ! Plus de sang, plus de victimes, plus de misères... Allez, le Peuple ne se révolte pas pour le plaisir de se révolter. Les révolutions sont des revendications, elles se font fatalement, nécessairement à leur échéance, tout cela pour ce droit minime, le droit de vivre... L'homme ne vit pas que de pain, mais sans pain il meurt et les ouvriers du faubourg, devant leurs enfants qui crient, et leurs femmes qui pleurent, ne demanderaient pas mieux que d'être de purs esprits ». C'est sous une huée quasi unanime que Pyat achève son intervention qui sera le dernier discours révolutionnaire tenu dans une Assemblée française, avant des années. Et le préambule de la Constitution ne retient pas le Droit au travail, mais le Travail, c'est-à-dire l'obligation de travailler, ce qui est bien différent, sinon le contraire, tout du moins dans l'esprit des rédacteurs. Travail-famille-propriété-ordre, voilà les bases sacrées de la République nouvelle. Nul ne peut désormais se tromper sur le sens du courant où naviguera le char de l'Etat, comme diraient les milliers de Joseph Prud'homme du parti de l'ordre au pouvoir.

La Constitution prévoit donc un pouvoir législatif composé d'une seule chambre, élue au suffrage universel, qui vote les lois, et un pouvoir exécutif, le président de la République. Le président de la République, comme l'Assemblée, est élu par le suffrage universel. Elu par tout le pays et non par l'Assemblée ; il a donc une légitimité égale à celle-ci et bien supérieure à celle de n'importe quel parti de cette Assemblée. Il dispose de tout le pouvoir exécutif, de l'administration, de l'armée, de la justice, nomme les ministres, et les révoque, exécute les lois. A ces pouvoirs exorbitants, Tocqueville n'a imaginé que des freins dérisoires. Tout d'abord, un frein moral : le président prête serment selon la formule de l'article 48 : « En présence de Dieu et devant le peuple français représenté par l'Assemblée nationale, je jure de rester fidèle à la République démocratique, une et indivisible, et de remplir tous les devoirs que m'impose la Constitution ».

Ensuite, l'article 68 de la Constitution renvoie devant la Haute Cour le président de la République si jamais celui-ci porte la main sur l'Assemblée.

Enfin, et surtout, seul frein réel contre les ambitions éventuelles du président de la République, celui-ci est élu pour une durée limitée, et n'est pas rééligible.

ÉLECTIONS

Cette Constitution, votée à une écrasante majorité le 4 novembre 1848, est promulguée le 21. Il ne reste plus qu'à mettre les rouages prévus en place. Et tout d'abord élire ce président de la République tout-puissant imaginé par Tocqueville. Il n'y a pas de temps à perdre, et la campagne sera très courte puisque le scrutin est fixé au 10 décembre. A peine plus de quinze jours.

Mais qui va être candidat ?

Lamartine ? Après tout, c'est le grand homme de cette année 1848, le « leader » incontesté du gouvernement provisoire. Lors des élections à la Constituante, n'a-t-il pas été plébiscité par sept départements ? Mais Lamartine a beaucoup déçu en juin. Républicain, modéré certes, mais convaincu, ne travaillera-t-il pas à empêcher une restauration royale qu'espère une grande partie des honnêtes gens ? Et puis, il paraît par trop rose. N'a-t-il pas protégé Louis Blanc, ce rouge terrifiant ? Enfin, c'est un poète, un beau parleur, ce n'est pas un sabre.

Cavaignac, alors ? En voilà un sabre. Et qui a fait ses preuves lors des journées de juin. Général, homme d'ordre, républicain modéré, représentant la majorité de l'Assemblée, il paraît bien avoir le profil idéal pour être le premier président de cette République fondée sur la propriété et l'ordre. Mais Cavaignac a deux handicaps : d'abord, il a paru bien mou après les journées de juin, hésitant, encombré de grands principes. Et puis, il est républicain, et peut-être même convaincu. Voilà qui ne plaît guère aux légitimistes et orléanistes.

L'article 68 de la Constitution

« Toute mesure par laquelle le président de la République, dissout l'Assemblée nationale, la proroge, ou met obstacle à l'exercice de son mandat, est un crime de haute trahison.

Par ce seul fait, le président est déchu de ses fonctions, les citoyens sont tenus de lui refuser obéissance ; le pouvoir exécutif passe de plein droit à l'Assemblée nationale ; les juges de la Haute Cour de Justice se réunissent immédiatement à peine de forfaiture. »

Le parti de l'ordre décide de faire taire momentanément ses dissensions, et de former un bloc uni. Berryer et les légitimistes, Montalembert et les catholiques, Thiers, Molé, O. Barot, Tocqueville et tous les orléanistes, créent un comité électoral : « Le Comité de la rue de Poitiers » du nom de son siège, pour présenter un candidat bien à eux. Un candidat qui ne serait ni légitimiste, ni orléaniste bien sûr, mais qui ne serait pas non plus républicain, et n'hypotéquerait donc pas l'avenir et une éventuelle restauration. Un intérimaire en quelque sorte, qui permette d'attendre que soient réglés les problèmes de succession entre Bourbon aînés et Orléans cadets. Un gérant de la République, gérant salarié bien sûr.

Oui, mais qui ? Le choix va se porter sur le prince Louis-Napoléon Bonaparte. Incroyable, mais vrai, les partisans de la royauté vont tenter de faire élire le prétendant bonapartiste ! Comment est-ce possible ?

Le prince Louis-Napoléon est peu connu. Elevé en Suisse, vivant ensuite en Angleterre, il n'a mis les pieds en France qu'à l'occasion de ses deux tentatives de putch sous Louis-Philippe à Strasbourg, puis lors de son grotesque débarquement de Boulogne. Si le ridicule tuait en politique, il serait déjà enterré. Dès que la Révolution de 1848 a éclaté, il s'est précipité à Paris. Elu à l'Assemblée, il a eu l'intelligence de démissionner. Réélu à la Constituante par quatre départements, cette élection a soulevé des murmures. Un député est venu rappeler que les membres des familles qui ont régné en France n'avaient pas le droit de vivre sur le territoire français, et donc encore moins d'y exercer un mandat parlementaire. Attaqué, Louis-Napoléon a dû monter à la Tribune et sa réponse, péniblement anonnée, a déclenché d'abord la stupeur, puis l'hilarité. Allons, il n'est vraiment pas dangereux, ce Bonaparte. Thiers a résumé l'opinion générale : « C'est un crétin dont nous ferons ce que nous voudrons ».

Le voilà, le candidat idéal du parti de l'ordre. Populaire par son nom, sans conviction républicaine arrêtée, on le tiendra par les femmes et l'argent. C'est l'homme de paille que l'on met à la tête du Conseil d'administration, et qui signe tout ce que les administrateurs lui disent de signer, se bornant à empocher les jetons de présence.

Les élections ont lieu les 10 et 11 décembre 1848 et les résultats dépassent les espérances du Comité de la rue de Poitiers. Il y a à peu près vingt-cinq pour cent d'abstention, et un peu plus de sept millions de suffrages exprimés. Lamartine obtient dix-sept mille neuf cent dix voix : c'est la condamnation de la révolution de 1848, celle-ci est bien achevée et enterrée. Raspail, candidat des socialistes n'obtient que trente-six mille neuf cent vingt voix, c'est dérisoire. Décidément, les journées de juin ont été efficaces. Ledru-Rollin, can-

Candidature romantico-politique d'Eugène Sue.

Gravure de Cham.

didat des républicains de gauche ne réunit que trois cent soixante-dix mille cent dix-neuf voix, ce qui est infime. Le candidat des républicains modérés, de la majorité de l'Assemblée, le général Cavaignac, malgré son grade et son sabre, malgré son auréole de sauveur de la société en juin, n'obtient que un million quatre cent quarante huit mille cent sept voix.

Et le prince Louis-Napoléon Bonaparte est plébiscité par cinq millions quatre cent trente-quatre mille huit cent vingt-six électeurs.

La victoire dépasse les espérances et certains, parmi les plus perspicaces du Comité de la rue de Poitiers, doivent commencer à se demander s'ils n'ont pas été les dindons de la farce. Comment expliquer ces cinq millions et demi de voix ? En fait, ces voix se divisent en trois.

Il y a d'abord toutes les voix du parti de l'ordre, celles qui se seraient portées sur n'importe quel candidat désigné par la rue de Poitiers ; cela fait deux à trois millions sans doute. Mais les autres ? Il y a ensuite le mythe napoléonien et on ne saurait le sous-estimer. Depuis trente ans, dans les villes et les chaumières on rêve de l'épopée qu'a vécue la France de 1800 à 1815. La grandeur de la France est un argument électoral qui a toujours fait recette lorsqu'il est employé par un non-politicien. Les vétérans de la grande armée entretiennent la légende : souvenons-nous du « Médecin de campagne » de Balzac. Les chansons de Béranger font venir les larmes aux yeux. En un mot, s'il n'y a pas en 1848 de parti bonapartiste, il y a chez les français, une nostalgie et un enthousiasme pour tout ce qui rappelle Napoléon. Et Louis-Bonaparte s'appelle Napoléon.

Et puis, il y a une troisième raison qu'on ne saurait négliger, et qu'a fort bien perçue Karl Marx, même si elle n'a pas toute l'importance qu'il lui prête : « Le 10 décembre 1848 fut le jour de l'insurrection des paysans. C'est avec des drapeaux et au son de la musique qu'ils allèrent aux urnes, aux cris de : plus d'impôt, à bas les riches, à bas la République, vive l'Empereur. Derrière l'Empereur se cachait la jacquerie. La République qu'ils abattaient de leurs votes, c'était la République des riches... Napoléon était le nom collectif de tous les partis coalisés contre la République bourgeoise ».

Et le 20 décembre, Louis Napoléon prêtait serment devant Dieu et l'Assemblée, de respecter la Constitution, selon la formule consacrée par celle-ci. Il en rajoutait même, et affirmait : « Je verrai des ennemis de la Patrie dans tous ceux qui tenteraient de changer par des voies illégales ce que la France a établi ».

Puis il serrait la main du général Cavaignac éberlué — on est « sport » que Diable — et allait s'installer au Palais de l'Elysée. Restait à élire le deuxième pouvoir, l'Assemblée législative. Les élections auront lieu six mois plus tard, le 13 mai 1849, et vont donner des résultats assez ambigus.

Le Comité de la rue de Poitiers a, sur sa lancée des présidentielles, coordonné tous les comités départementaux du parti de l'ordre avec pour slogan : « Ordre-propriété-religion », il triomphe avec cinquante-trois pour cent des six millions sept cent mille suffrages exprimés, et enlève environ quatre cent cinquante sièges sur sept cent treize.

Les républicains modérés sont écrasés. Sur neuf cents constituants, six cents sont battus, essentiellement l'ancienne majorité. Tous les hommes de 1848 ou presque sont éliminés : Lamartine, Manost, Garnier-Pagès, Jules Favre, Flocon. Le parti républicain bourgeois, majoritaire à la Constituante, ne compte plus que 75 députés, et ce sont les plus réactionnaires qui ont été réélus : Cavaignac, Arago, Crémieux. Le mythe Napoléon n'a pas joué en faveur des bonapartistes ce qui prouve bien le fossé qui existe entre le mythe et le parti bonapartiste. A peine cinquante élus, dont Persigny bien sûr, le fidèle lieutenant du prince président. Quant aux autres, c'est dans la mesure où leur nom se rattache à l'épopée napoléonienne qu'ils sont élus : le général d'Hauptoul, vétéran des guerres de l'Empire, le prince Murat...

Mais la mauvaise surprise vient de l'extrême gauche. On croyait pourtant bien s'en être débarrassé avec les journées de juin, les arrestations, les élections présidentielles. Et voilà que les rouges renaissent de leurs cendres, obtiennent cent quatre-vingt élus et un tiers des suffrages exprimés. Ce phénomène de bipolarisation redonne l'espoir à la gauche, et effraye le parti de l'ordre. Comme le note Vigier : « Les hommes de l'ordre avaient cru le sceptre rouge éliminé avec l'écrasement des ouvriers parisiens, et ils le voient réapparaître en province ! ».

MUSELER LA GAUCHE

La première tâche du nouveau régime va donc être de museler la gauche. Cela lui est facile puisqu'il possède tous les pouvoirs ; le prince président désigne un ministère royaliste, avec l'orléaniste Odilon Barot comme président du Conseil, et pour principaux ministres, Léon Foucher et le légitimiste comte de Falloux. Le maréchal Bugeaud est nommé commandant en chef de l'armée des Alpes qui a son quartier... à Bourges, ce qui lui permet de surveiller à la fois Lyon et Paris, et le général Changarnier cumule, illégalement d'ailleurs, le commandement de la région militaire de Paris, et celui de la garde nationale parisienne. Enfin, c'est le baron

Dupin (« Je ne craindrai pas de le répéter : la classe ouvrière en France est heureuse »), orléaniste de bon teint, qui est porté à la présidence de l'Assemblée législative.

Mater, museler, détruire les rouges est donc chose facile et le parti de l'ordre s'y était employé dès la fin du massacre de juin 1848. Dès le 28 juillet 1848, un décret avait assimilé les clubs aux sociétés secrètes interdites, et limité les réunions publiques. Celles-ci ne peuvent avoir lieu qu'avec une autorisation préalable, en présence et sous la surveillance d'un fonctionnaire de l'ordre administratif ou judiciaire, et il est strictement interdit d'y discuter de tout sujet « contraire à l'ordre public ». Les décrets des 9 et 11 août ont, eux, réglé le sort de la presse, en rétablissant un cautionnement élevé — vingt-quatre mille francs à Paris et six mille francs en province — qui a entraîné la disparition de la majorité des journaux « rouges ». Les chefs socialistes, arrêtés après la journée du 15 mai, sont traduits devant la Haute Cour de Justice siégeant à Bourges. En mars 1849, le verdict tomba : Barbès et Albert sont condamnés à la déportation, Blanqui à dix ans de réclusion, Sorbirer, Raspail et Flotte à sept ans, six ans et cinq ans. Louis Blanc et Victor Considérant qui ont réussi à gagner l'Angleterre, sont, eux, condamnés à la déportation par contumace. Et malgré tous ces efforts, La Montagne vient d'obtenir un tiers des voix aux élections législatives ! Tout est à refaire.

L'occasion ne va pas tarder. A peine arrivé à la présidence Louis-Napoléon, pour se concilier l'Eglise, envoie une armée à Rome pour y rétablir le pape qui vient d'être chassé par Garibaldi et les républicains italiens. A la Tribune de l'Assemblée, Ledru-Rollin tonne contre cette violation de la Constitution dont l'article 5 prévoit « La République française n'emploiera jamais ses forces contre la Liberté d'aucun peuple ».

Avec une naïveté incroyable, la gauche décide d'organiser à Paris une manifestation pacifique contre l'expédition de Rome. Après tout, la toute nouvelle Constitution ne dispose-t-elle pas, dans son article 8 : « Les citoyens ont le droit de s'associer, de pétitionner, de s'assembler paisiblement et sans armes » ? Et Ledru-Rollin fait ce que tout le parti de l'ordre attendait : il convoque les représentants le 13 juin 1849 à onze heures au château d'eau pour une manifestation de protestation. Le jour dit, sept à huit mille hommes selon Tocqueville, sans armes, se rassemblent pour défiler. A treize heures, les dragons chargent, sabre au clair, la cavalerie surgit de partout. Conduits par Vieyra, l'un des hommes de main du prince président, et un aide de camp de Changarnier, « de bons citoyens » profitent de l'occasion pour mettre à sac et détruire les imprimeries où sont fabriqués les journaux républicains. On relève sept morts dans le camp des manifestants et deux blessés dans celui de l'armée.

Le 13 au soir, la victoire du parti de l'ordre est complète. L'Etat de siège est proclamé à Paris et dans onze départements, six journaux de gauche sont supprimés, la légion d'artillerie de la garde nationale, trop républicaine, est dissoute. Il est prescrit aux procureurs de poursuivre le cri de « Vive la République sociale » considéré comme séditieux, Ledru-Rollin doit fuir à son tour en Angleterre. Le 19 mai une nouvelle loi interdit « toute réunion qui serait de nature à compromettre la sécurité publique ». Le 27 juillet un autre texte intervient sur la presse et une loi réglemente le colportage. Enfin, la Haute Cour de Justice, siégeant cette fois à Versailles, juge les responsables de cette manifestation du 13 juin : trente députés de gauche sont déchus de leur mandat et dix-sept autres sont condamnés à la déportation, dont Ledru-Rollin par contumace.

La « chaumière » d'un candidat socialiste.
Personne n'a le droit au superflu lorsque chacun n'a pas le nécessaire !

Entre temps, les ouvriers lyonnais s'étant à leur tour soulevés, l'armée a pu, un an après Paris, organiser son petit massacre de juin dans la cité de la soie. Un général se révèle à cette occasion, Magnan, dont le prince président note le nom sur ses tablettes. Il n'a pas hésité à faire mitrailler la Croix Rousse et affiche à son tableau cent cinquante ouvriers tués.

En un an, le parti de l'ordre a réussi à terroriser Rouen, Paris et Lyon, à se débarrasser de presque tous les chefs des rouges en deux procès rondement menés, à supprimer la quasi-totalité de la presse de gauche. Le bilan est décidément plus que positif. Pourtant, tout le monde en est persuadé, il ne s'agit là que d'escarmouches. La véritable bataille reste à livrer. La date de celle-ci est même fixée : 1852.

L'échéance de 1852 obsède tous les esprits. C'est à ce moment en effet qu'expireront tout à la fois les pouvoirs de l'Assemblée et ceux du président. Il faudra donc élire une nouvelle Assemblée et un nouveau président, puisque, selon la Constitution, Louis-Napoléon Bonaparte n'est pas rééligible. Or, toutes les élections complémentaires le montrent, les rouges font des progrès effrayants. On a beau les traduire devant la Haute Cour, les exiler, les déporter, supprimer leur presse, interdire les réunions publiques, ce sont de nouveaux députés montagnards que les électeurs renvoient à l'Assemblée. Ces succès électoraux partiels vont dicter l'attitude des partis face à cette échéance de 1852.

Les républicains sont près de deux cents à la Chambre. Leurs chefs de file sont des avocats : Michel (de Bourges), et Madier de Montjau, ainsi que Victor Hugo qui, déçu de ne pas avoir reçu du prince président le portefeuille ministériel qu'il espérait, vient apporter toute sa puissance lyrique à la Montagne. On trouve encore Victor Schoelcher, l'apôtre de la lutte anti-esclavagiste, le théoricien socialiste Pierre Leroux, des ouvriers comme Martin Nadaud, le maçon de la Creuse, Agricol Perdiguier, le compagnon avignonnais, Greppo, Benoît, des ouvriers lyonnais, le Dr Yvon élu des Basses-Alpes, et même deux sous-officiers Boichot et Rattier, présentés aux électeurs par un Comité de soldats. Bien implantée dans le Centre de la France (Cher, Nièvre, Allier, Jura, Ain), le Sud-Ouest (Tarn, Aude, Ariège, Gers, Pyrénées Orientales), et le Sud-Est (Drôme, Basses-Alpes, Vaucluse et Var), la Montagne dispose encore de quelques journaux importants : *La Réforme, Le Populaire, La République, L'Evénement,* et *Le Peuple* de Proud'hon qui sera bientôt élu à son tour à l'Assemblée. Mais surtout, les rouges s'appuient sur un réseau de Sociétés secrètes, issues des formes de vie collective traditionnelles que sont les chambrées. On a beaucoup parlé, en 1851, de ces sociétés secrètes, en contestant leur importance ou au contraire, en l'exagérant. Ce qui est certain, c'est qu'elles existent et regroupent, dans certains endroits, des centaines sinon des milliers d'adhérents. Dans les Basses-Alpes par exemple, les deux militants qui sillonnent le département, Ailhaud et Langomazino, doublent leur action publique d'un intense recrutement pour les Sociétés secrètes, et ils ne cachent pas leur jeu. Ainsi Langomazino, cet ouvrier tropézien, chassé de l'arsenal de Toulon pour y avoir organisé une grève, rédacteur à la « Voix du Peuple », rassemble des milliers de personnes à Manosque, Forcalquier, Digne et attaque « les barons de la finance », « l'oppression du capital ». « Votre société est-elle donc si parfaite, s'écrie-t-il à Manosque, qu'il faille rester dans le statu quo ? Vos bagnes et vos lupanars regorgent, vos bureaux de bienfaisance sont des officines de tripotage où le fanatisme trouve toujours son compte. »

Et le procureur général d'Aix constate, effrayé : « Langomazino continue le cours de son apostolat et de ses missions. On dit qu'il convertit beaucoup de monde à la religion socialiste. On s'effraie de ses succès ».

Et encore, ce n'est que la partie émergée de l'iceberg. Car il y a ces sociétés secrètes qui terrorisent avec leur cérémonial « romantique » où le récipiendaire, les yeux bandés, de nuit, prête des serments effroyables.

A partir de 1849, ces hommes, comme l'avocat Gent, de la Drôme, et Langomazino, vont tenter de fédérer ces sociétés secrètes éparses, divisées, opposées parfois, qui constituent notamment dans le Sud-Est, un tissu populaire de militants extrêmement sérieux, et peuvent servir de base à un véritable

Le serment des sociétés secrètes

« Je jure sur ces armes, symbole de l'honneur, de servir la République démocratique et socialiste, et mourir pour elle s'il le faut. Je jure haine et vengeance à tous les rois et que mes entrailles deviennent la proie des bêtes féroces plutôt que de jamais faillir à mon serment. Je le jure trois fois. Je jure sur mon honneur au nom de la sainte cause pour laquelle je viens d'être reçu, de marcher en tous lieux avec mes frères de la Montagne et de prêter assistance à tous les démocrates. Je le jure trois fois au nom du Christ rédempteur. »

parti socialiste. Le gouvernement en est conscient qui les arrête et les traduit devant la Cour d'assises de Lyon, laquelle les condamne à la déportation et les expédie en Nouvelle Calédonie, à Nouka-Hiva, où ils mourront bientôt.

Ainsi, la Gauche dispose de deux armes : ses succès électoraux et les sociétés secrètes. Loin de profiter des deux, elle va se diviser et les opposer. Une minorité de vingt-quatre députés dont Michel de Bourges et Mathieu de la Drôme, approuvée par les exilés de Londres (Louis Blanc, Delescluze, Ledru-Rollin) prêche pour l'action illégale et appelle à se préparer à l'affrontement violent : c'est la Nouvelle Montagne. Mais la majorité désapprouve toute action violente et condamne les sociétés secrètes. Pour elle, la Montagne, seule l'action légale

Un club.

est valable et la voie électorale est la meilleure. Puisque chaque élection partielle est un succès, il n'y a qu'à attendre l'échéance de 1852 où l'on remportera la majorité des sièges. Ainsi, la gauche prendra le pouvoir sans heurt, sans une goutte de sang, et en toute légitimité. Bref, la gauche mise tout sur les élections et attend, tranquille et sûre d'elle, l'échéance de 1852.

Le parti de l'ordre est à nouveau divisé. Les légitimistes sont près de deux cents et l'un de leur chef, le comte de Falloux, fait partie du premier ministère Barrot. Mais leur espoir d'une restauration de la branche aînée s'estompe devant les exigences du prétendant, le comte de Chambord, buté dans son exil allemand et qui prétend effacer d'un trait tout ce qui s'est passé depuis 1830 et la chute de Charles X. Près d'un quart de la France est légitimiste, notamment tout l'ouest, mais le parti est orphelin d'un roi.

Les orléanistes sont bien mieux placés. D'abord parce que la plupart des honnêtes gens regrettent Louis Philippe — ce monarque idéal qu'on a chassé dans un moment d'aliénation et qui vient de mourir en Angleterre — ; ensuite parce que le prétendant, le duc d'Aumale est, lui, prêt à tout accepter pour remonter sur le trône de France. Enfin, et surtout, les orléanistes occupent tous les postes clefs : la présidence de la Chambre, et le gouvernement.

LES BURGRAVES CONTRE LE PRINCE PRÉSIDENT

Pourtant, pour tous les partis de l'ordre, l'échéance de 1852 c'est avant tout la peur. Leurs candidats ne sont pas prêts, et auront-ils la force suffisante pour les protéger contre le spectre rouge ? Plus on écrase ces terribles rouges, plus ils paraissent puissants ! L'opinion publique — celle des honnêtes gens s'entend — , commence à trouver insuffisante la protection qu'ils peuvent attendre d'un roi, qu'il soit de la branche aînée ou de la branche cadette, lointain et indécis. On se détache du parti légitimiste ou du parti orléaniste qui ne sont plus un rempart fiable contre le péril rouge. L'échéance de 1852 pour le parti de l'ordre souverain et tout-puissant, c'est avant tout cette peur incessante, viscérale des rouges.

Mais un pion nouveau s'est placé sur l'échiquier politique : Louis-Napoléon Bonaparte. On ne l'a engagé, nous l'avons vu, qu'en qualité de gérant et pour une durée bien limitée de trois ans. En 1852 il doit céder la place, puisque la Constitution est formelle sur ce point, le président sortant n'est pas rééligible. Mais la place est bonne, le salaire confortable. Pour le prince président l'échéance de 1852 se traduit de manière fort simple : comment rester en place à l'Elysée, envers et contre tous ? Malgré tous ses serments, cette présidence de la République, miraculeusement tombée du ciel en décembre 1848, il est décidé à la conserver, et l'homme de paille entend bien se transformer en président-directeur général. Et puisque l'obstacle principal est cette Constitution qui l'empêche de se représenter — car il est sûr que le suffrage universel lui serait de nouveau favorable — le prince président va essayer d'obtenir une réforme de la Constitution.

Dès le mois de juillet 1850, le parti bonapartiste lance à travers le pays une grande campagne en faveur de la révision de la Constitution, afin de permettre au président sortant de se représenter. Sur quatre-vingt-trois conseils généraux, cinquante-deux émettent un vœu en ce sens et une pétition nationale recueille un million cent vingt-trois mille signatures ! Mais seule l'Assemblée peut, et à la majorité des trois quarts, entériner la révision. Une commission de quinze membres est désignée et, par neuf voix contre six, elle se prononce en faveur du projet de révision. Les débats auront lieu en juillet 1851.

Les républicains votent naturellement contre, et les discours de leurs orateurs montrent mieux que tout leur ingénuité et leurs illusions : soit du vent, du vent sonore et splendide, mais du vent quand même, dans le discours de Victor Hugo : « Quoi, parce qu'il y a un homme qui a gagné la bataille de Satory ! Quoi, parce qu'il y a eu un homme qui, après mille ans a ramassé le glaive et le sceptre de Charlemagne, vous voudriez à votre tour prendre ce glaive et ce sceptre, dans vos petites mains. Quoi, après Auguste, Augustule ! Quoi, parce que nous avons eu Napoléon le grand, nous aurions Napoléon le petit ! ». Soit l'illusion, bien enracinée, du succès électoral avec Michel de Bourges : « Vous êtes cinq cents, nous deux cents. Vous avez les fonctionnaires, l'armée, toutes les forces matérielles, et pourtant, vous ne nous renverserez pas ! Et pourtant la République vit ! Voilà ce qui atteste de notre force et ce qui fait notre espérance ».

Favorable à la révision, Tocqueville, à son habitude, voit clair et pose le problème dans ses véritables termes : « Le statu quo actuel doit aboutir presque nécessairement soit à l'usurpation, soit à l'anarchie, en tous cas à la ruine de la République et peut-être de la Liberté ». Il suffira de la défection de quelques Orléanistes qui n'ont pas su écouter Tocqueville et qui ajouteront leurs voix à celles des républicains, pour que, le 19 juillet 1851, le projet de révision échoue, n'obtenant que la majorité — insuffisante — de quatre cent quarante-six voix contre deux cent soixante-dix. Dès lors, pour Louis-Napoléon, il n'y a plus qu'une alternative. Abandonner la présidence à l'échéance de 1852, perdre la place, ou violer la

Constitution et faire un coup d'Etat. Et comme il n'a nullement l'intention de quitter la place qui est excellente, ce sera donc le coup d'Etat.

Un coup d'Etat, cela se prépare. Depuis qu'il est entré à l'Elysée, le prince président y pense. Mais qui est-il ce prince qui préside la République française depuis bientôt trois ans, cet homme que plus de six millions d'électeurs ont triomphalement élu à la magistrature suprême ?

THIERS L'AFFIRME : C'EST UN CRÉTIN

Né le 20 avril 1808, il est le fils d'Hortense de Beauharnais et de Louis Bonaparte, roi de Hollande par la grâce de Napoléon Ier, officiellement tout du moins, car les mauvaises langues lui attribuent des paternités fort diverses. Il faut dire que la reine Hortense, digne fille de sa mère, avait une conception assez spéciale du lien conjugal. A la chute de l'Empire, le petit Louis-Napoléon a donc sept ans, et il va être élevé en Suisse, où il deviendra officier d'artillerie. Lorsque le roi de Rome, devenu le duc de Reichstadt meurt en 1831, Louis-Napoléon devient l'héritier officiel du clan Napoléon, et par voie de conséquence, prétendant du trône de France. Et il y croit. En 1832, il écrit un livre « Rêveries politiques » et quelques années plus tard, il tente de passer du rêve à la réalité. C'est le 30 octobre 1836, avec Persigny, sa tentative de soulever la garnison de Strasbourg contre Louis-Philippe, qui se solde par un échec lamentable. Réfugié en Angleterre, il va récidiver le 4 août 1840 et tenter de débarquer à Boulogne, toujours persuadé qu'à son seul nom, l'armée va s'enflammer et le porter en triomphe à Paris. Mais Boulogne n'est pas

Juan-les-Pins. L'armée rigole ou hausse les épaules et Louis-Napoléon est enfermé au fort de Ham. Il y fait des enfants aux lavandières et écrit une brochure assez confuse sur « l'Extinction du paupérisme » que personne n'a lu, mais qui lui donne une sorte d'aura sociale. Evadé dans des conditions rocambolesques de la forteresse de Ham, il se réfugie en Amérique, puis en Angleterre. C'est alors que la révolution de 1848 chasse Louis-Philippe. Sa maîtresse anglaise, Mme Howard, finance aussitôt son retour en France. Elu une première fois, il a l'habileté de démissionner. Réélu quelques mois plus tard par quatre départements, sa première intervention à l'Assemblée déclenche des éclats de rire et désarme toutes les hostilités. On le juge trop nul pour être dangereux.

Si certains historiens modernes, tels A. Castellot ou Jean Dutourd (de l'Académie française) ont tenté de le réhabiliter, ses contemporains n'étaient pas tendres avec lui. « Laid, nul, chétif, parlant et marchant mal » selon Victor Hugo (qui quatre ans plus tôt, en 1848 le trouvait « distingué, froid, doux, intelligent »), c'est « un piètre illuminé » pour Prévost-Paradol. Seul E. Zola verra en lui « un brave homme, hanté de rêves généreux, incapable d'une action méchante ». Mais pour l'orléaniste Remusat, « c'est un idiot ». Et Thiers résume l'opinion générale en déclarant, péremptoire dès 1848 : « C'est un crétin ».

C'est sans doute Maxime du Camp qui l'a le mieux jugé : « Avant tout, ce fut un joueur... il fut devant sa destinée, comme devant un tapis vert ». Croyant en son étoile comme son oncle Napoléon Ier, persuadé qu'il était l'élu du destin et qu'il serait donc celui du peuple, Louis-Napoléon aura, durant ces trois années capitales, à défaut d'une intelligence et d'un sens politique supérieurs, le sang froid et l'intelligence du joueur professionnel.

Et pourtant, les handicaps ne lui manquent pas. En dehors d'être le fils de sa mère, sinon celui de son père, Louis-Napoléon n'est rien. Capitaine d'artillerie de l'armée suisse, il ne s'est jamais illustré sur un champ de bataille et n'a bien évidemment pas la gloire d'un Bugeaud ou d'un Changarnier. Chétif, court sur patte, l'œil éteint, l'apparence lymphatique, il n'a aucune prestance. Non seulement ce n'est pas un orateur, mais il s'exprime difficilement en français, avec un fort accent germanique quelque peu inattendu chez le chef d'une famille corse. On le sait criblé de dettes, toujours à la recherche de quelques francs pour boucler les fins de mois. De même on n'ignore pas son besoin quasi maladif des femmes. « On lui fournira des danseuses, et ce crétin disparaîtra de lui-même », telle est l'opinion quasi unanime de la classe politique. A ces handicaps personnels, s'ajoute celui que constitue son entourage. Il n'a autour de lui que des hommes de main comme Persigny, des officiers décavés, des nobles ruinés. Pour un comte de Falloux, un duc de Broglie, ou même simplement un Thiers ou un Odilon Barrot, l'entourage du prince président, ce n'est pas une équipe, mais un petit gang de malfrats sans envergure. Ils ne se rendent pas compte, ces Burgraves, comme on appelle les chefs du parti de l'ordre, que c'est là que réside justement le danger : Louis-Napoléon et ses sbires n'ont rien à perdre et tout à gagner. Comme le dit Persigny à l'un de ses collègues de l'Assemblée : « Vous nous menacez de la guerre civile ? Eh bien, allez-y. Nous ne la craignons pas. Quant à moi, je n'ai rien à perdre, ni hôtel à Paris, ni château en province ».

Encore cet ancien sous-officier de hussards est-il un Bonapartiste convaincu, croyant en l'étoile de son maître et en son destin, encore plus peut-être que celui-ci. C'est un autre membre de l'entourage du prince président, Heutzen, futur sénateur de l'Empire, qui confie plus crûment à Benoît, quelques jours avant le coup d'Etat : « Nous aimons mieux tomber dans le sang que dans la merde ».

Le 1er janvier 1849, Louis-Napoléon, tout président de la République qu'il est, n'a rien. Ni parti politique pour l'appuyer — les bonapartistes élus à l'Assemblée ne sont qu'une poignée, et encore pas tous convaincus —, ni moyen d'information, ni argent, il lui faut sans cesse quémander auprès de l'Assemblée les quelques centaines de milliers de francs supplémentaires qui lui permettent d'assurer son somptueux train de vie à l'Elysée. Et l'Assemblée se fait un malin plaisir de ne lui accorder ces « rallonges » que s'il fait preuve de docilité. Il n'a bien évidemment aucune majorité à l'Assemblée et doit choisir ses ministres parmi les leaders orléanistes ou légitimistes. Aucun nom qui compte dans le monde politique, ou dans celui des lettres, ne soutient le prince président. Même la haute finance lui est hostile à l'instar des Rotschild.

Bref, il n'a rien, si ce n'est son nom appuyé sur un mythe et son poste de président de la République appuyé sur six millions de suffrages. Et il dispose de trois ans, pas un jour de plus, pour préparer un coup d'Etat, et s'emparer de la République.

GLISSEMENTS PROGRESSIFS VERS LE POUVOIR

Muet, impénétrable, indéchiffrable comme un sphinx selon le mot de Zola, il va laisser les Burgraves se moquer de lui, Changarnier l'insulter, l'Assemblée le menacer, les journalistes écrire, les orateurs pérorer. Et, parti de rien, profitant des moindres erreurs de l'Assemblée qui n'en est pas avare, en trois ans, le prince président va conquérir le pouvoir.

Tout d'abord, il s'empare de l'administration en laissant la responsabilité du côté désagréable des choses à ses ministres orléanistes, faisant ainsi d'une pierre deux coups. Le gouvernement provisoire, en 1848, avait mis en place un certain nombre de préfets et sous-préfets républicains. On va les limoger. Comme l'écrit M. de La Gorce : « En quelques mois, Faucher, ministre de l'Intérieur, destitue les préfets républicains, révoque les maires suspects, dissout les gardes nationales factieuses [1], brise les conseils municipaux hostiles, interdit les clubs, ordonne la fermeture des boulangeries sociétaires. Sa résolution rendait confiance aux honnêtes gens et rassurait les intérêts ». Au bout de quelques mois, il ne restait pratiquement plus un fonctionnaire républicain à un poste de responsabilité, que ce soit dans les préfectures, la police, ou la justice. Emile Ollivier, alors républicain, mais futur ministre de Napoléon III note : « Tout fonctionnaire soupçonné de ne pas souhaiter le retour d'une monarchie fut destitué ».

Pour mieux tenir les fonctionnaires, on va les enfermer dans

1. C'est-à-dire républicaines ! Il y a des mots savoureux sous la plume de certains historiens. Traiter de factieux les républicains, sous un régime républicain, ce n'est pas mal.

un réseau de rapports réciproques et de surveillance policière. Les préfets surveillent les fonctionnaires de leur département, et adressent leurs rapports au ministre de l'Intérieur, mais ils sont eux-mêmes surveillés par les procureurs de la République qui rendent compte au Garde des Sceaux, tandis que les gendarmes contrôlent tout le monde et informent le ministre de la Guerre. Il n'y a plus qu'à recouper ces trois sources d'observation. Ainsi, le 24 novembre 1850, Rouher, le nouveau Garde des Sceaux, l'un des rares bonapartistes de l'époque, adresse une circulaire à tous les procureurs généraux leur recommandant de s'enquérir avec le plus grand soin des dispositions politiques des magistrats et de tous les fonctionnaires de leurs ressorts. Et le général d'Hautpoul, président du Conseil et bonapartiste également, invite les colonels de gendarmerie à faire faire par leurs officiers et sous-officiers des rapports absolument confidentiels sur la conduite et les propos de tous les fonctionnaires, y compris les magistrats. Carlier, le préfet de police, multiplie les indicateurs. Non seulement on se débarrasse des fonctionnaires « douteux », c'est-à-dire des républicains, mais il sera aisé de découvrir des fonctionnaires « utilisables ». C'est ainsi par exemple que le prince président va pousser le préfet du Var, Haussmann, et celui de Toulouse, Maupas, dont l'absence de scrupule lui plaît beaucoup. A la fin de l'année 1851, l'ensemble des fonctionnaires est, sinon bonapartiste, du moins prêt à le devenir.

L'information est également facile à conquérir. Il suffit de créer des journaux ou d'en acheter. Les journalistes véreux ou ambitieux ne manquent pas. Et l'argent versé au prince président pour ses frais de représentation servira en partie à financer des feuilles bonapartistes. Dès 1850, Lois-Napoléon peut compter sur un journal « sérieux », le *Constitutionnel* du docteur Véron qui exprime le point de vue officiel de l'Elysée, et sur une feuille de combat dirigée par Granier de Cassagnac. C'est celui-ci qui est chargé de toutes les basses besognes, certain d'être couvert par le président. Aussi, lorsqu'il va trop loin en attaquant l'Assemblée et que, renvoyé devant le tribunal, il est condamné à une lourde amende, Granier de Cassagnac ne s'émeut pas : c'est l'Elysée qui paye l'amende et lui octroie une gratification en prime !

L'information c'est aussi la propagande et dirions-nous, l'agitation. Pour cela, Louis-Napoléon dispose d'une espèce de Société plus ou moins secrète, la « Société du dix décembre ». Regroupant quelques milliers de militants plus ou moins rémunérés, chômeurs, anciens des brigades spéciales de 1848, gouapes des barrières, petits truands, bref hommes de sac et de corde, immortalisés sous le nom de Ratapoil par le crayon de Daumier et dirigés par les bonapartistes convaincus, la « société du dix décembre » sert de claque dans les cérémonies et voyages officiels. Mais elle joue également le rôle de service d'ordre et de contre-claque. Ses membres sont tous armés de gourdins et de cannes plombées, et malheur à qui pousserait un cri hostile au prince président. Le ratapoil de service lui ménage d'autant moins les coups qu'il est sûr de l'impunité et même de la récompense pour un tel fait d'arme. Ce sont des membres de cette Société qui, le 17 juin, ont saccagé les imprimeries républicaines. Ils sont vite connus et redoutés. Ce sont eux qui font les campagnes électorales et contrôlent la rue.

La propagande, surtout dans les campagnes, c'est aussi l'Eglise. Celle-ci n'est, au départ, nullement favorable à cet aventurier qui ne croit qu'en lui-même. En quelques jours, le prince président va se concilier l'Eglise catholique française. Premier acte : l'expédition de Rome. Le pape Pie IX, qui régnait alors non seulement sur le Vatican, mais sur Rome et les Etats pontificaux, avait été chassé par les républicains italiens de Mazzini et Garibaldi, et contraint de se réfugier à Naples. A peine élu président de la République, et en contradiction formelle avec la Constitution qu'il venait de jurer de respecter, Louis-Napoléon envoie à Rome un corps expéditionnaire commandé par le général Oudinot, chargé de combattre les républicains italiens et de restaurer Pie IX sur son trône. L'Eglise commence à regarder d'un autre œil l'hôte de l'Elysée.

Deuxième acte : la loi Falloux qui limite l'enseignement laïc et favorise de manière incroyable l'enseignement catholique. On fait ainsi d'une pierre deux coups. D'une part, on se débarrasse des instituteurs laïcs — tous républicains — et d'autre part, on favorise l'Eglise et ses congrégations. Enfin, les rouges sont résolument anticléricaux. Ne vont-ils pas jusqu'à invoquer « Jésus le Montagnard » contre l'Eglise et ses prélats ? Le prince président lutte contre les rouges, soutient le pape, favorise l'enseignement religieux ? Soit, l'Eglise française en échange, soutiendra le prince président, et cet appui est d'un poids considérable dans la France du milieu du XIXe siècle.

Mais le pouvoir, c'est également l'armée. Or, l'armée, en 1849, n'a rien de bonapartiste. Napoléon Ier est bien loin, et les véritables gloires de l'armée, ses chefs tout-puissants, ce sont les « Africains », c'est-à-dire les généraux qui viennent de conquérir l'Algérie, les Bugeaud, les Changarnier, les Lamoricière, les Cavaignac. Ceux-ci sont loin d'être bonapartistes. Orléanistes ou républicains modérés, ils rêvent de leur côté à un putsch militaire... à leur profit. Louis-Napoléon va jouer le coup merveilleusement. Au lieu de chercher à se concilier les généraux, il va détacher l'armée de ses chefs et l'acheter littéralement.

Dès janvier 1850, le prince président fait augmenter de vingt centimes par jour la solde des sous-officiers. Coup de génie : c'est le budget de l'Etat qui paye mais pour les bénéficiaires, c'est à Louis-Napoléon que l'on doit cette manne. Vive Napoléon ! Au mois d'août de la même année, il donne à l'Elysée de grands dîners où il invite non seulement des généraux, mais de nombreux officiers de la garnison de Paris. Cela devient du délire. Le prince président multiplie les revues, n'omettant pas un seul régiment, et la revue terminée, il préside des sortes de gigantesques pique-niques militaires, offrant saucisson et vin à tous les soldats, le cigare aux sous-officiers, poulets froids et champagne aux officiers. Comme l'écrit Guillemin : « Faute d'avoir pu conquérir le cœur de l'armée par des victoires comme l'oncle, le neveu, plus modestement, s'adressait à l'estomac ».

Le résultat ne se fait pas attendre. Le 10 décembre 1850, lors d'une revue qu'il passe au camp de Satory, près de Versailles, les régiments manifestent leur enthousiasme. Malgré Changarnier, qui a fait rappeler que le silence est la règle sous les armes, la cavalerie hurle « Vive Napoléon ! », « Vive l'Empereur ! » en défilant devant le président, toujours impénétrable. Détail révélateur, c'est le colonel Montalembert, le frère du chef du parti catholique, qui, le premier, lève son sabre et lance ce cri ... antirépublicain, devant le président de la République.

Membres de la « Société de secours du 10 décembre » dans l'exercice de leurs philanthropiques fonctions.

Et puis, quoi qu'on en dise, l'Empire, cela vous a des relents de guerre et de bataille. Sous la République, on ne fera jamais que la guerre de rues, contre les ouvriers, ce qui rapporte plus de coups et de déboires que de gloire. Avec l'Empire, on va peut-être recommencer Ulm et Friedland, sinon Austerlitz. Il y a des promotions dans l'air. Allons, c'est dit, l'armée bascule en quelques semaines. Fin 1851 elle est bonapartiste.

Les honnêtes gens eux, sont sinon convaincus, du moins décidés à l'être depuis bien longtemps. Tout ce qu'ils demandent c'est un sabre contre le péril rouge. Que ce sabre soit républicain monarchiste ou bonapartiste, ils s'en moquent pas mal, du moment qu'il soit apte à les protéger. Et Louis-Napoléon a rassuré le parti de l'ordre. Ses déclarations sont sans ambiguité : « La cause que je défends est celle de vos familles, celle de vos propriétés, a-t-il proclamé. Je ne reculerai devant rien pour la faire triompher ». Et la fameuse formule qu'on se répète dans toutes les boutiques, dans tous les salons de sous-préfecture : « Il est temps que les bons se rassurent et que les méchants tremblent ».

Les bons, c'est-à-dire les honnêtes gens, commerçants, rentiers, bourgeois, notaires, propriétaires, se rassurent et sont prêts à leur tour à crier « Vive l'Empereur ! ». Si c'est le prix à payer pour vivre en paix, et être débarrassé des rouges, mon Dieu, ils sont prêts à le payer. Entre une République avec des rouges, et un empire sans rouges, leur choix est fait. C'est dit : « Vive l'empereur ».

Reste le peuple. C'est-à-dire quelques millions d'ouvriers et de paysans. Il paraît assez difficile de se concilier tous ces « méchants », tout en affirmant qu'on va les faire trembler. Difficile, mais pas impossible. D'abord, l'immense majorité de cette masse de travailleurs est analphabète et politiquement infantile. Seule une avant-garde, dans les villes, plus rarement dans les campagnes, s'est éveillée à ces problèmes depuis 1848. Les meilleurs militants ont été tués en juin, déportés à Cayenne ou en Nouvelle Calédonie, ou sont en prison. Là encore, Louis-Napoléon va manœuvrer avec la plus grande habileté. D'abord, en renforçant cette espèce d'aura sociale sinon socialiste, qu'il s'était donné en écrivant « l'extinction du paupérisme », lors de sa captivité au fort de Ham. L'image de lui qu'il fait répandre est celle d'un homme préoccupé du sort des ouvriers, d'un réformateur. S'il était empereur, ce serait un empereur social. Ne reçoit-il pas Proud'hon à l'Elysée ? « Que les bons se rassurent »... il suffit de le juger aux actes. Mais que les « méchants » rêvent...

Bien sûr, la crise s'achève, tout au moins dans l'industrie et dans les villes. Les machines tournent de nouveau à plein, le chômage diminue. Voilà qui lui facilite singulièrement la tâche. Mais la crise sévit toujours durement dans l'agriculture et le sort des ouvriers ne s'est guère amélioré. Alors comment se concilier l'opinion populaire sans laquelle un coup d'Etat est impossible ? La recette est connue depuis le 18 brumaire : en rejetant la responsabilité de la situation sur d'autres, en trouvant un bouc émissaire, en jouant sur l'antiparlementarisme profondément ancré dans le peuple. C'est pour conserver leurs vingt-cinq francs quotidiens d'indemnité parlementaire que les députés font le malheur du peuple. Vingt-cinq francs par jour, ce qu'un ouvrier gagne en un mois ! Dès qu'il se sent assuré du soutien de l'armée, de la complicité bienveillante de l'Eglise, et de la neutralité plutôt favorable des honnêtes gens, le prince président va entamer la lutte contre l'assemblée ce qui déconsidérera toute velléité de résistance de celle-ci, et rejettera sur elle toute la responsabilité de la situation sociale. C'est le fameux discours de Dijon de mai 1851 qui a tellement effrayé ses ministres, mais qui était un trait de génie : « Depuis trois ans, j'ai toujours été secondé par l'Assemblée quand il s'est agi de combattre le désordre par des mesures de compression. Mais lorsque j'ai voulu faire le bien, améliorer le sort des populations, elle m'a refusé son concours ».

L'ennemi du peuple, ce n'est pas Louis-Napoléon, qui voudrait tellement faire son bonheur et améliorer la situation des ouvriers et des paysans. C'est l'Assemblée législative. C'est un peu gros, mais ça marche.

Fin 1851, le prince président qui, trois ans plus tôt, est entré tout nu à l'Elysée, traînant avec lui de lourds handicaps, engagé comme administrateur provisoire salarié chargé de liquider la République pour le compte de qui il appartiendra, peut compter sur les principales forces du pays. Il a pour lui toutes les honnêtes gens, aux convictions politiques incertaines, à l'exception des hommes politiques, l'armée à l'exception des généraux, l'Eglise en dehors de quelques curés rouges, et une grande partie du peuple, à l'exception des militants révolutionnaires.

Tout est prêt désormais pour passer à l'attaque.

2. Le mot est joli ! Les mesures de compression ce sont les fusillades de Paris et de Lyon, les déportations, à Nauka Hiva, les emprisonnements...

Nuit du 2 décembre.

IV. *Technique du coup d'Etat*

Reste quand même l'Assemblée législative. On a engagé le Bonaparte pour une tâche bien précise et limitée dans le temps. Il est là pour occuper les fonctions de président de la République, non pour les exercer et son contrat à durée déterminée expire, en 1852. L'Assemblée, en repoussant le projet de révision, lui a d'ailleurs signifié son licenciement : son contrat ne sera pas renouvelé. D'autant que le « crétin » s'est révélé beaucoup moins malléable qu'on ne l'envisageait.

LE PRINCE PRÉSIDENT CONTRE LES BURGRAVES

Et l'Assemblée, c'est un gros morceau. La Constitution en a fait un pouvoir égal à celui du président. Il ne peut ni la dissoudre, ni l'ajourner. En cas de conflit, c'est elle qui, juridiquement, doit finir par l'emporter parce qu'elle seule vote le budget. Et si le président regimbe, on peut tout d'abord lui couper les vivres. Ensuite, s'il fait mine de franchir le Rubicon, il se met hors de la loi et la Haute Cour de Justice le renverra au fort de Ham ! Dans l'ultime combat qui s'engage, dès 1850, entre le pouvoir législatif et le prince président, les chances sont à peu près égales au départ. Mais alors que Louis-Napoléon fait un « sans faute », l'Assemblée va, elle, multiplier les gaffes dont il tirera aussitôt parti.

Première erreur de l'Assemblée : la loi du 31 mai 1850 sur le suffrage universel. Chaque élection complémentaire était une victoire pour la Montagne. Pour pouvoir lutter contre celle-ci et préparer l'échéance de 1852, le parti de l'ordre réclame à corps et à cris l'épuration de ce scandaleux suffrage universel. Louis-Napoléon en profite pour renvoyer Odilon Barrot et le remplacer par un homme à lui, Baroche, qui dépose aussitôt un projet de loi renforçant de belle manière les conditions exigées pour être électeur. L'Assemblée se déchaîne. Thiers vitupère « la vile multitude » et Montalembert, le bon apôtre, s'écrie : « Je dis et je répète qu'il faut recommencer l'expédition de Rome à l'intérieur ».

Certains hommes ont de la suite dans les idées à défaut d'avoir beaucoup d'idées.

La loi est votée par quatre cent trente-trois voix contre deux cent quarante et une. Elle exige pour être électeur, trois années de résidence continue dans la même commune ; ce qui, compte tenu de la mobilité ouvrière, exclut la majorité de ceux-ci des listes électorales. Le nombre des électeurs inscrits tombe aussitôt de neuf millions six cent quatre-vingt mille à six millions huit cent mille. Près de trente pour cent des électeurs supprimés d'un seul coup. Dans certaines villes,

ACTUALITÉS.

150

Chez Aubert & Cie Pl. de la Bourse, 29, Paris. Imp. de Mr Vr Aubert S. r. de l'Abbaye Paris

RATAPOIL FESANT DE LA PROPAGANDE.

— Si vous aimez votre femme, votre maison, votre champ, votre génisse et votre veau, signez, vous n'avez pas une minute à perdre !.......

le résultat est encore plus spectaculaire. A Lyon, quarante pour cent des électeurs sont éliminés, quarante-cinq pour cent à Saint-Étienne et à Rouen, à Nantes le nombre des électeurs passe de trente sept mille à sept mille. Le parti de l'ordre respire. La rente qui était tombée à quatre-vingt-dix francs vingt-trois remonte à quatre-vingt-quatorze francs dès le lendemain. Et c'est l'Assemblée qui, aux yeux de l'opinion populaire, endosse la responsabilité de cette amputation du suffrage universel, tandis que le prince président en recueille le bénéfice auprès des honnêtes gens puisque c'est Baroche qui a proposé la loi.

L'Assemblée récidivera d'ailleurs quelques semaines plus tard avec la loi du 16 juillet 1850 sur la presse, qui va jusqu'à rétablir le cautionnement non seulement sur la presse, mais également pour toutes les brochures « d'économie politique et sociale » et même pour les romans feuilletons. Puis de plus en plus myope, l'Assemblée s'épuise en petites escarmouches contre le président à propos des crédits réclamés par celui-ci. On refuse, on accorde, on ampute. Tout cela fait mesquin et l'opinion publique prend parti contre ces bavards inutiles.

Quant au prince président, il manie avec maestria la politique de la douche écossaise. Son message du 12 novembre 1850 est on ne peut plus rassurant : « Les deux pouvoirs se sont proposés un but, un seul but, rétablir l'ordre et la tranquillité dans ce pays, et, vous le savez très bien ce ne sera pas trop des deux pouvoirs pour lutter contre ceux qui veulent nous diviser. Ce qui me préoccupe, soyez-en persuadés, ce n'est pas de savoir qui gouvernera en 1852, c'est d'employer le temps dont je dispose, de manière que la transition quelle qu'elle soit, se fasse sans agitation et sans trouble. Le but le plus noble et le plus digne d'une âme élevée n'est point de rechercher quand on est au pouvoir, par quels expédients on

UN COUP D'ÉTAT, C'EST UNE FICTION.

Voyez ce Lazzarone de la famille, de la propriété, il s'endort mais un cauchemard l'agite il n'a pas voulu quitter son drapeau sa main droite le défend, la gauche sert convulsivement un poignard, c'est qu'il voit passer dans son rêve M. Louis Napoléon déguisé sous le manteau impérial :

A son réveil, son rêve était une réalité; les journaux le répandent avec profusion et les sentinelles du communisme et du socialisme se répètent d'un bout de la France à l'autre. Sentinelles, prenez garde à vous? Louis Napoléon va se faire empereur, el jour à telle heure.

Mais le jour est venu, l'heure passée, M. Louis Napoléon n'est comme devant que Président. (*Argus du 3 juin* 1849) s'y perpétuera, mais de veiller sans cesse aux moyens de consolider les principes d'autorité et de morale qui défient les passions des hommes et l'instabilité des lois ». Admirable Tartuffe !

En même temps, il fait tirer à boulets rouges sur l'Assemblée par Gragnier de Cassagnac, le journaliste de service de l'Elysée : « L'Assemblée compromet l'ordre plutôt qu'elle ne le défend ; elle est aussi étrangère à l'esprit politique qu'à l'esprit des affaires... On croyait que la Constituante avait atteint la dernière limite du discrédit. L'Assemblée actuelle semble destinée à franchir cette limite. Tout paraît annoncer sa fin prochaine ».

Et Louis-Napoléon multiplie les voyages en province. N'est-il pas, lui, l'élu de six millions et demi de Français alors que chaque député n'est que l'élu de quelques milliers d'électeurs ? La Champagne et la Lorraine, le Nord, la Normandie, les pays de Loire (mais il ne se risque pas dans le Midi !) le voient successivement défiler avec ses ratapoils qui organisent la brigade d'acclamations aux cris de plus en plus souvent repris de « Vive l'Empereur ». Et gare à la canne plombée pour celui qui s'aviserait de crier Vive la République !

Dans chaque discours, à Rennes, à Lille, à Rouen, à Cherbourg, le prince président développe les mêmes thèmes opposant à la faiblesse d'aujourd'hui et à la misère sociale dues à l'Assemblée législative, la paix, l'ordre et le bonheur du premier empire, époque bénie où les Assemblées n'existaient pas ou si peu. Mythe napoléonien et antiparlementarisme sont les deux pilliers du discours que le prince président tient à chaque province. Ainsi à Cherbourg, durant l'été 1850 : « Pourquoi l'empereur, malgré la guerre, a-t-il couvert la France de ces travaux indispensables qu'on retrouve à chaque pas ! C'est qu'indépendamment de son génie, il vint à une époque où la nation, fatiguée de révolutions, lui donna le pouvoir nécessaire pour abattre l'anarchie, combattre les factions... ».

Plus il avance, plus il se sent fort. C'est enfin le discours de Dijon, en mai 1851, où non seulement il attaque durement l'Assemblée mais il annonce qu'il se tient en réserve de la France : si celle-ci veut en finir avec l'Assemblée, lui, Louis-Napoléon, se dévouera pour faire le coup d'Etat nécessaire : « Si la France reconnaît qu'on n'a pas le droit de disposer d'elle sans elle, la France n'a qu'à le dire : mon courage et mon énergie ne lui manqueront pas ». Désormais, entre l'Assemblée législative et le prince président il ne s'agit plus d'escarmouche. L'échéance de 1852 est là, dans quelques mois, la bataille est engagée.

Le premier combat sera mené par Changarnier — ou plus exactement par l'Assemblée — à propos de Changarnier. Le général Changarnier est un « Africain » c'est-à-dire qu'il a conquis ses galons et sa réputation en conquérant l'Algérie. « Petit, souple à la taille, de figure vieillote, portant perruque, usant volontiers de cosmétiques, précieux dans les gestes et prétentieux dans la démarche, il avait mérité le surnom de général Bergamotte », écrit Maxime du Camp. Ce tranche-montagne pommadé, corseté et portant perruque a toute l'apparence d'une « folle ». Mais il se rattrape par la grossièreté et son langage ferait rougir ses propres zouaves !

Depuis 1848, Changarnier rêve de jouer un rôle. Lequel ? Peu importe, pourvu que ce soit un rôle de premier plan. Il a failli s'étrangler de rage lorsque Cavaignac a été désigné pour massacrer les ouvriers parisiens. Il l'aurait fait tellement volontiers et tellement mieux, lui ! Les quelques milliers de voix qu'il a recueillies aux élections présidentielles ne l'ont pas découragé et il rêve d'être le Monck d'une restauration ou le Cromwell d'une République. Lorsque Louis-Napoléon s'est installé à l'Elysée, il lui a, en termes directs, proposé de réaliser un coup d'Etat et d'en faire un empereur. L'autre l'a regardé de son œil sans expression et ne lui a rien répondu. C'est un jean-foutre, décrète Changarnier, qui décide alors de jouer la carte de l'Assemblée contre le prince président. Il promet à qui veut l'entendre, qu'il mettra, quand il le voudra le Bonaparte « dans un panier à salade et le conduira sans autre cérémonie à Vincennes ». Devant des dizaines d'officiers il affirme : « S'il y a guerre civile, ce n'est pas pour ce Diafoirus que nous nous ferons griller le boudin ».

Malgré ses rodomontades, ce Matamore est une puissance réelle. Député à l'Assemblée législative, il est pour les Thiers, Molé et autres Odilon Barrot, le « sabre » du Pouvoir législatif qui les protège contre les visées du président. C'est que, bien que ce soit illégal, Changarnier cumule le commandement de la 1re région militaire (et donc de toutes les troupes en garnison à Paris et autour de Paris) et celui de la garde nationale parisienne. Il n'a qu'un ordre à donner... et dans l'armée un ordre ça ne se discute pas. Le prince président n'a, lui, pas même un bataillon à lui opposer.

Et voici que le 9 janvier 1851, un décret de Louis-Napoléon révoque brusquement Changarnier de ses deux commandements « La nouvelle tomba sur l'Assemblée comme un cyclone », constate Emile Ollivier, républicains, orléanistes, légitimistes, font front commun contre le président. A la Tribune, le général Bedeau, républicain mais général et africain lui aussi s'enflamme : « Des clameurs séditieuses ont été poussées à Satory[1]. Qui a-t-on frappé ? ceux qui osaient crier ? non, mais le général Neumeyer qui avait rappelé les

1. « Vive l'Empereur » — « Vive Napoléon ».

règles[2]. Le général Changarnier rend hommage à l'Assemblée. Qu'arrive-t-il le lendemain ? le lendemain on le destitue ».

Thiers retrouve enfin sa lucidité. Le « crétin » l'a roulé dans la farine. Furieux, le petit grand homme jette toutes ses forces dans la bataille : « Il y a aujourd'hui deux pouvoirs dans l'Etat, fulmine-t-il, le pouvoir exécutif et le pouvoir législatif. Si l'Assemblée cède aujourd'hui, il n'y en aura plus qu'un, la forme du gouvernement sera changée... Le mot viendra quand on voudra. Dès à présent, on pourra dire : l'empire est fait ».

L'Assemblée vote une motion de défiance, le gouvernement démissionne et le président en renomme un autre. L'Assemblée se venge en refusant les crédits complémentaires réclamés par l'Elysée, mais Changarnier est éliminé. L'opinion publique approuve et la Bourse monte. Privé de tous ses commandements, le général Bergamotte ne perd pas de sa superbe, et il rassure l'Assemblée : dans sa lutte contre le prince président, l'armée est avec elle, lui Changarnier s'en porte fort, c'est son fameux discours du 3 juin 1851 : « On n'entraînerait contre l'Assemblée ni un bataillon, ni une compagnie, ni une escouade et l'on trouverait devant soi les chefs que nos soldats sont accoutumés à suivre sur le chemin du devoir et de l'honneur. Mandataires de la France, délibérez en paix ». Six mois plus tard, ces mêmes soldats embar-

2. Le général Neumeyer protégé de Changarnier, avait, à l'instigation de celui-ci, diffusé un ordre du jour rappelant qu'il était interdit de crier sous les armes. Non seulement ses régiments de cavalerie lui avaient désobéi lors de la fameuse revue de Satory, mais le lendemain Neumeyer était destitué de son commandement parisien et nommé en province.

quaient le général Bergamotte-Changarnier dans un panier à salade, comme un vulgaire travesti, et sans la moindre hésitation.

Victoire donc pour l'Elysée qui mène deux manches à zéro. La troisième manche va s'engager au retour des vacances de 1851. Le nouveau ministre de la Guerre, le général Saint-Arnaud, que Louis-Napoléon vient d'acquérir, adresse à tous les généraux de l'armée de Paris, une circulaire dénuée d'ambiguité : « Sous les armes, le règlement militaire est l'unique loi. La responsabilité ne se partage pas : elle s'arrête au chef de qui l'ordre émane ; elle couvre à tous les degrés l'ordre et l'exécution ».

Malgré les explications désinvoltes de Saint-Arnaud le sens est clair : l'armée ne doit obéir qu'à ses chefs, donc à Saint-Arnaud, quel que soit l'ordre donné, et à personne d'autre même pas à l'Assemblée nationale, même s'il s'agit de violer la Constitution, même s'il s'agit de réaliser un coup d'Etat.

Aussitôt les questeurs de l'Assemblée, les généraux Le Flo et Baze déposent, le 6 novembre 1851, une proposition de loi. « Sera affiché dans les casernes (le texte suivant) : le président de l'Assemblée législative est chargé de veiller à la sûreté intérieure et extérieure de l'Assemblée. A cet effet, il a le droit de requérir la force armée et toutes les autorités dont il juge le concours nécessaire. Ses réquisitions peuvent être adressées directement (donc sans passer par le ministre de la Guerre ou le général commandant la région) à tous les officiers, commandants et fonctionnaires qui sont tenus d'y obtempérer immédiatement. »

Si cette proposition des questeurs est votée, le coup d'Etat devient sinon impossible du moins très aléatoire, car l'armée risque de se diviser et, qui sait, de basculer en faveur de la légalité et de l'Assemblée. Les débats qui ont lieu le 17

L'arrestation du général Changarnier.

novembre sont donc fort importants ; l'instant est crucial pour les projets de l'Elysée. Mais Dieu merci pour les Bonaparte, le groupe républicain vole au secours de Louis-Napoléon. D'abord parce que les républicains ne croient toujours pas à l'éventualité d'un coup d'Etat. Ensuite parce que, empêtrés de légalisme, ils sont toujours obnubilés par l'idée qu'ils remporteront les élections de 1852, qu'ils sont ravis de jouer un bon tour à la majorité orléano-légitimiste et qu'enfin ils sont persuadés que l'armée est républicaine. C'est l'orateur numéro un de la Montagne, Michel de Bourges qui, à la Tribune, explique pourquoi lui et ses amis ne voteront pas la proposition des questeurs : « Vous avez peur de Napoléon Bonaparte et vous voulez vous sauver par l'armée. L'armée est à nous et je vous défie, si le pouvoir militaire tombait dans vos mains de faire un choix qui fasse qu'aucun soldat vienne ici pour vous, contre le peuple. Non, il n'y a point de danger, et je me permets d'ajouter que s'il y avait un danger, il y a aussi une sentinelle invisible qui vous garde, cette sentinelle, je n'ai pas besoin de vous la nommer, c'est le peuple ». Décidément, les députés républicains sont aussi aveugles que les généraux ambitieux !

Par quatre cent huit voix contre et trois cents pour, la proposition des questeurs est repoussée. Saint-Arnaud qui assistait aux débats peut s'en aller rassuré en ricanant : « On fait trop de bruit dans cette maison, je vais chercher la garde ».

L'Assemblée est désormais capot, le coup d'Etat peut se faire.

LA BANDE DES CINQ

Pour réussir un coup d'Etat, il faut des hommes sûrs aux postes clefs. Depuis quelques mois, Louis-Napoléon s'emploie à constituer une équipe. Bien sûr, il y a Persigny, mais malgré son dévouement, il ne peut suffire. On va donc chercher et trouver :

« Flamboyez, noms maudits
Maupas, Morny, Magnan, Saint-Arnaud, Bonaparte,
Courbez vos fronts ! Gomorhe a triomphé de Sparte
Cinq hommes, cinq bandits [3]. »

Maupas est un ancien fonctionnaire de Louis-Philippe. Sous préfet de Beaune, il a été destitué en février 1848. Dès 1849, il sera rétabli avec une promotion : préfet de l'Allier, puis en 1850, un poste de premier plan : préfet de Toulouse. De sa mésaventure, Maupas conserve tout à la fois une vraie terreur des rouges et une haine à la hauteur de sa peur. Ainsi, alors qu'il est préfet de Toulouse, il réclame au procureur général des mandats d'arrêt contre des conseillers généraux républicains. Le procureur ne demandait pas mieux, mais il s'enquit de savoir quelle charge pesait contre eux. Et Maupas de répondre : « Des charges ? pour quoi faire ?... Eh bien s'il vous faut des preuves, elles se trouveront chez le prévenu tel jour à telle heure. Et comme le procureur s'étonne naïvement, Maupas le renseigne « Je les ferai mettre par mes agents ».

3. Victor Hugo, *Les châtiments*.

L'histoire fait du bruit, mais le prince président écrit à Maupas pour lui dire tout le bien qu'il pense de lui : « Je regrette qu'on vous adresse des reproches là où vous ne méritez que des éloges ».

Haine du rouge, ambition maladive de parvenir, absence totale de scrupules, voilà qui fait une recrue de choix. Pas pour un premier rôle, non, mais comme exécutant Maupas sera parfait. On en fera au jour dit le préfet de police de Paris.

Autre second rôle, le général Magnan. Officier sous le premier empire rallié aux bourbons, il est colonel en 1831. Il passe dans l'armée belge, et revient en France avec le grade de général en 1840. C'est lui qui commande la région du Nord lors de la tentative de débarquement de Louis-Napoléon à Boulogne.

Il a commencé par respecter une fort prudente expectative jusqu'à ce que l'échec soit sûr. Alors, il a arrêté le prince et montré un loyalisme bavard au roi. Loin de lui en vouloir, Louis-Napoléon a noté sur ses tablettes le nom de ce général aux convictions changeantes. Deuxième qualité de Magnan il a montré toute son énergie en réprimant l'insurrection des ouvriers lyonnais en 1849. Un bon exécutant donc, mais pas assez sûr pour en faire le chef de l'armée. On se contentera de lui donner le commandement de l'armée de Paris où il remplacera Changarnier. Quelques jours avant le coup d'Etat, il réunit tous les généraux placés sous ses ordres et leur tient un petit discours : « Messieurs, il peut se faire que d'ici peu, votre général en chef juge à propos de s'associer à une détermination de la plus haute importance. Vous obéirez passivement à ses ordres. Toute votre vie vous avez pratiqué et compris le devoir militaire de cette façon-là... Quoi qu'il arrive, ma responsabilité vous couvrira. Vous ne recevrez pas un

Louis-Napoléon Bonaparte
proclamé Président de la République française.

ordre qui ne soit signé de moi. Par conséquent, en cas d'insuccès, quel que soit le gouvernement qui vous demande compte de vos actes, vous n'aurez qu'à montrer pour vous garantir, ces ordres que vous aurez reçus ».

Ces spadassins sont décidément prudents comme des épiciers ! S'ils pouvaient souscrire une assurance auprès de la Lloyd, ils le feraient ! Ils sont là vingt et un généraux qui applaudissent aveuglément et sans risque sur le chemin du coup d'Etat : Canrobert, Marulaz, Forey, de Cotte, Ripert, Reibell, etc.

Mais Magnan n'est pas sûr. On craint une volte-face comme en 1840. Il faut donc le coiffer avec un autre général dont la détermination et l'énergie soient certaines. Durant deux ans, à l'Elysée, on a passe en revue tous les généraux pour dénicher l'oiseau rare. En vain. Jusqu'à ce que le comte de Fleury, l'aide de camp du prince président, trouve une idée : puisque nous n'avons pas de généraux, fabriquons-en. Le choix s'arrête sur le général de brigade de Saint-Arnaud. C'est le militaire idéal pour un putsch : son passé répond de lui.

Arnaud Leroy est né en 1798. Il s'est donné lui-même le titre de comte et s'est rebaptisé « Leroy de Saint-Arnaud ». Ancien garde sous Louis XVIII, il a quitté l'armée. Certains disent qu'il en a été chassé pour vol. Durant quelques années, il va vivre d'expédients : acteur sur les boulevards, il vit surtout du jeu et des femmes. Revenu dans l'armée sous Louis-Philippe, il n'hésite pas à devenir l'amant de la femme de son général qui a le double de son âge. On le voit, c'est ce qu'on appelle en termes de citations militaires un « officier plein d'allant, toujours volontaire pour les missions difficiles ». Malgré tout, il n'est toujours que lieutenant d'infanterie en 1837, alors qu'il va avoir quarante ans. Mais la chance tourne enfin et le lieutenant de Saint-Arnaud est envoyé en Algérie. Là, il va pouvoir donner toute sa mesure. Mieux que tout autre, il comprend quelle est la mission civilisatrice de l'armée française. Laissons-le décrire lui-même sa tactique : « Je pille, je brûle, je dévaste, je coupe les arbres, je détruis les récoltes. Le pays, entouré d'un horizon de flammes et de fumée me rappelle un petit Palatinat ».

Vantardise ? que non ! A sa femme il décrit tendrement ses actes : « De ma tente, je vois brûler les villages arabes. J'espère que la leçon sera bonne et leur profitera ». Et encore : « La cavalerie a rapporté trente têtes... Nous avons brûlé plus de quarante villages ». « On a tué plus de cent kabyles, le camp est plein d'armes et d'oreilles[4]. »

Ces exploits lui valent un avancement rapide et bientôt, il se retrouve général de brigade. Nommé à Paris en 1847 il faillit être massacré lors des journées de février et en avait conçu une véritable haine des rouges en général et des parisiens en particulier qu'il rêvait de pouvoir traiter comme de vulgaires arabes. C'est d'ailleurs un sentiment général chez les jeunes officiers de l'armée d'Afrique, humiliés en février 1848. « Tous avaient, note le capitaine Mayer, une égale horreur du parlementarisme et du socialisme ».

Mais Saint-Arnaud n'est que général de brigade et pour en faire un ministre de la Guerre, c'est-à-dire le chef de l'armée, il faut qu'il soit divisionnaire. Or, il n'est que le quarante-neuvième sur le tableau d'avancement. On va donc monter de toutes pièces une expédition contre les kabyles, confier le commandement de celle-ci à Saint-Arnaud, en gonfler

4. Mais des historiens appellent cela bravoure et tactique. Ainsi R. Christophe écrit : « Téméraire jusqu'à la folie, doué pour la tactique et la stratégie, Leroy de Saint-Arnaud gravit les degrés de la hiérarchie militaire en Algérie. » Pour une fois, V. Hugo a le mot juste : « ce général avait les états de service d'un chacal ».

l'importance et à son issue on l'élèvera au grade de général de division. Le Dr Véron, directeur du journal bonapartiste « Le Constitutionnel » raconte : « il serait très agréable au président, vint me dire M. Fleury à son départ pour la Kabylie, que l'on mît en grande et belle lumière les rares mérites et les prochains services de M. le général de Saint-Arnaud en Kabylie ».

En quelques semaines, le tour est joué. La Kabylie dévastée, quelques centaines de « sauvages » massacrés, et Saint-Arnaud passe pour un grand chef de guerre. Il est nommé général de division. Son adjoint, le colonel Marulaz devient général de brigade et monte à l'armée de Paris. Le lieutenant-colonel Espinasse est fait colonel, également à Paris, et se voit confier le commandement du régiment chargé d'assurer la garde de l'Assemblée législative.

Et Saint-Arnaud est enfin nommé ministre de la Guerre. Dans la foulée, on nomme d'ailleurs à l'armée de Paris tout un quarteron de jeunes généraux qui, sans être directement dans le secret, ne rêvent que de coup d'Etat : Canrobert, Lourmel, d'Allonville, Forey. Le 31 octobre 1851, le colonel de Rochefort, chef du septième lancier a offert un punch à ses officiers après avoir porté un toast au prince Napoléon, ils ont « donné rendez-vous sur le premier champ de bataille qu'offrirait l'armée rouge ».

Il ne manque plus qu'un chef. Une âme pour diriger le coup d'Etat. Louis-Napoléon, silencieux, énigmatique, hésitant, ne saurait jouer ce rôle. C'est à Morny qu'il est dévolu ; fils naturel de la reine Hortense de Beauharnais et du comte de Flahaut (lui-même enfant naturel de Talleyrand), Morny est donc le demi-frère de Louis-Napoléon. Pourtant, ils viennent seulement de faire connaissance. Déclaré à l'état civil sous le nom de « Demorny », celui-ci, comme Saint-Arnaud, s'est rebaptisé en De Morny, puis bientôt « comte de Morny ». Il y a du Balzac dans ce « lion » ambitieux et arriviste et il a bon nombre de points communs avec le de Marsay de la *Comédie Humaine*. Affairiste, il se fait financer par sa maîtresse, la femme de l'ambassadeur de Belgique et crée une usine dans le Massif Central. Protégé de Guizot, il se fait élire en 1842 dans le Puy de Dôme. A la Chambre, il siège parmi les conservateurs, puis après 1848 parmi les orléanistes. Mais il s'occupe peu de politique, et on le voit plus souvent au Jockey club, sur les champs de courses, dans les salons, qu'à la tribune de l'Assemblée. « Un viveur sceptique et amoral » juge Dansette. Ce « sportman » plus préoccupé de femmes et de chevaux que de problèmes sociaux va pourtant se révéler l'homme du coup d'Etat. C'est que Morny a, lui aussi, peur des rouges. Nous l'avons vu écrire à son père qu'il préférerait la France envahie par les cosaques plutôt qu'un succès électoral des rouges. Depuis, il a rencontré son demi-frère devenu président de la République et il a réfléchi : peut-être que l'on peut faire l'économie d'une invasion cosaque et écraser les rouges soi-même. Avec un coup d'Etat ? D'ailleurs Morny ne peut plus se permettre de perdre du temps. Il est aux abois. La veille du coup d'Etat son hôtel particulier à Paris était saisi et la vente aux enchères affichée. C'est dit, Morny fera le coup d'Etat.

Désormais, l'équipe est prête : Louis Napoléon fournira son nom et le mythe qui l'auréole, mais ne se mêlera de rien d'autre. Le chef du gang qui réalisera le hold-up sur la République, c'est Morny. Le général de Saint-Arnaud, ministre de la Guerre, l'exécutera avec pour lieutenant le général Magnan, commandant l'armée de Paris. Enfin, pour les basses œuvres, Maupas sera à la préfecture de police.

Trois choses font la force de cette équipe. D'abord ils ont

en commun une haine viscérale des rouges qui menacent leur situation. Ensuite, ces aventuriers ambitieux sont tous compromis : ils n'ont plus rien à perdre et préfèrent, selon le mot que nous avons cité « tomber dans le sang plutôt que dans la merde ». Enfin et surtout, ils ont su constituer une équipe restreinte et conserver un secret absolu sur leurs projets. Bien sûr, tout le monde parle plus ou moins d'un coup d'Etat, mais en fait très peu d'hommes sont au courant du projet réel : le prince président bien sûr, Morny, Saint-Arnaud, Magnan, Maupas ; Mocquart, le secrétaire de Louis-Napoléon et Persigny, le fidèle des fidèles, le comte de Fleury sans doute, Rouher, et le Dr Vieyra, le chef de la société du dix décembre. Un point c'est tout. Dix hommes, c'est là certainement l'une des clefs du succès de l'opération.

Reste à fixer la date.

LA PRÉPARATION DU COUP

Le 11 août 1851, une première réunion a lieu au château de Saint-Cloud pour préparer le coup d'Etat. Il y a là Louis-Napoléon, Morny, Saint-Arnaud, Persigny, Rouher et Carlier le préfet de police. On trace les grandes lignes, on esquisse le plan des proclamations. Début septembre, nouvelle réunion et la date est fixée au 17 septembre, lorsqu'éclate un double coup de théâtre. D'abord, il y a eu des fuites et le bruit du coup d'Etat court avec insistance à Paris. La date elle-même en est connue. Les fuites ne peuvent venir que de Carlier, le préfet de police (qui en effet joue sur les deux tableaux et informe Changarnier), lequel est aussitôt remplacé par Maupas. Ensuite, Saint-Arnaud fait savoir qu'il ne marche plus. Catastrophe ! C'est bien la peine d'avoir monté toute l'opération de Kabylie et fait un général de division de cet aventurier, pour que celui-ci reprenne ses billes au dernier moment. Surtout que Magnan indique à son tour que si Saint-Arnaud se retire, lui non plus ne marchera plus. Louis-Napoléon le sphynx impassible, perd son sang-froid légendaire et entre dans une violente colère, parlant de trahison.

Tout est fichu ! non. Morny, Persigny, et Fleury vont recoller les morceaux. D'ailleurs, la date du 17 septembre était mal choisie, affirment Morny et Saint-Arnaud. En effet, l'Assemblée est en vacances et les députés dans leur circonscription. En cas de coup d'Etat, chaque député dans sa province deviendra un chef tout désigné pour la résistance. Les préfets hésiteront à arrêter les députés et l'armée refusera peut-être de tirer sur eux.

Non décidément, il vaut mieux attendre que l'Assemblée siège à nouveau. Comme cela, d'un seul coup de filet, on prendra tous les députés à la fois et la résistance de la province sera privée de chef. L'idée, l'avenir le confirmera, était géniale. La résistance de la province lors du coup d'Etat montre que si celui-ci avait eu lieu durant les vacances parlementaires, il eût peut-être échoué. Alors on remet à plus tard. Au 2 décembre, décide Louis-Napoléon, toujours superstitieux : n'est-ce pas l'anniversaire d'Austerlitz et du sacre de Napoléon Ier, une date faste pour la famille Bonaparte ? Va pour le 2 décembre, approuvent Morny et Saint-Arnaud.

Tout est prêt désormais. L'équipe est en place et le plan minutieusement au point. L'Assemblée, démonétisée dans l'opinion publique n'a aucun pouvoir réel. Les honnêtes gens appellent de leurs vœux tout homme qui les protégera des rouges. Ceux-ci sommeillent, béats, en rêvant d'une victoire électorale. L'Eglise est prête à sortir ses ostensoirs pour encenser un empereur. L'armée est prête à sortir son sabre pour casser du rouge. La technique de préparation du coup d'Etat est parfaite : un modèle du genre.

OPÉRATION RUBICON

Le soir du 1er décembre, il y a bal à l'Elysée. Les invités dansent sous les lustres. Les valets, revêtus de la livrée impériale, offrent les coupes de champagne. Le prince président, fume, comme d'habitude, cigarette sur cigarette. Il s'approche de Vieyra, son homme de main qui, s'il est tout acquis au coup d'Etat, a été tenu à l'écart des ultimes préparatifs : « C'est pour cette nuit », lui annonce-t-il.

Et il lui confirme qu'il compte sur lui pour que la garde nationale ne bouge pas. Vieyra promet : il fera crever les tambours, afin d'éviter que l'on batte le rappel. Il veut s'éloigner, quand Louis-Napoléon le retient : son départ serait remarqué, qu'il reste encore un moment.

Morny, lui, quitte l'Elysée, mais c'est pour aller salle Feydeau au théâtre où tout Paris le voit dans sa loge. Prépare-t-on un coup d'Etat au théâtre ? Maxime du Camp l'a vu ce soir-là : « la salle Feydeau était comble et les femmes en toilettes montraient leurs épaules nues sous la clarté du lustre. Dans une loge d'avant-scène du rez-de-chaussée, j'aperçus Morny souriant et fort occupé à lorgner une jeune fille blonde qui se démenait au balcon pour se faire remarquer ».

Les théâtres se vident, les bals s'achèvent, les lustres s'éteignent et Paris s'endort paisiblement. Un coup d'Etat cette nuit ? Allons donc. Maxime du Camp raccompagne Théophile Gauthier chez lui en sortant de la salle Feydeau : « Lentement nous marchâmes sur le boulevard. Tout était normal et, dans la régularité de la vie parisienne, quelques fiacres roulaient sur la chaussée. L'entresol des grands restaurants était éclairé, des promeneurs, attardés, fumant leur cigare ou fredonnant une ariette, passaient auprès de nous. Nul soldat, nul sergent de ville. Paris allait s'endormir de son sommeil habituel ».

Mais à l'Elysée, on ne se prépare pas au sommeil. Une ultime réunion rassemble dans le cabinet du prince président Saint-Arnaud, Magnan, Maupas et Morny, revenu du théâtre. Louis Napoléon a sorti le dossier de l'opération sur lequel, selon Cassagnac est inscrit le mot « Rubicon ». Chacun connaît son rôle et gagne son poste. Morny se rend au ministère de l'Intérieur, réveille le titulaire du portefeuille, Thorigny, en lui annonçant qu'il le remplace et s'installe place Beauvau. Saint-Arnaud est au ministère de la Guerre. Magnan à son quartier général. C'est Maupas qui, à la préfecture de police, va frapper les trois coups. Il a, la veille au soir, convoqué quarante commissaires de police à la préfecture pour trois heures du matin. Convocations individuelles et à leurs domiciles afin qu'aucun d'eux ne s'étonne de l'ampleur de cette opération de police. Motif officiel : un complot républicain et le retour clandestin de Ledru-Rollin. A trois heures du matin, les quarante commissaires attendent, dans des pièces séparées sans contact entre eux. Maupas les reçoit un à un, confie à chacun une mission précise et les fait sortir directement. Comme cela, chacun continuera d'ignorer la tâche des autres. Chacun des quarante commissaires a un mandat bien précis pour arrêter une personnalité. Un seul va refuser sa mission. Il est aussitôt arrêté et « mis en lieu sûr ».

A cinq heures du matin, le défilé des commissaires dans le bureau de Maupas s'achève. A six heures quarante-cinq l'opération est terminée : soixante-dix-huit personnes ont été arrêtées sans coup férir, dont soixante-neuf Montagnards. Sur cette liste de soixante-dix-huit noms, soigneusement établie par Morny et Maupas, il y a seize députés. Des Montagnards, bien sûr : Greppo, Nadaud, Miot, Baume, Lagrande, Charlot et Valentin, mais aussi trois orléanistes : Thiers, Roger et le questeur de l'Assemblée, Baze. Enfin, les députés militaires qui auraient pu prendre la direction de la résistance : les généraux Changarnier, Bedeau, Lamoricière, Cavaignac, Le Flo, et le colonel Charras. Les soixante-deux autres victimes de ces arrestations sont des militants républicains parisiens : Grignon, Stevenot, Michel, Artaud, Guiller, Philippe, Breguet, Delpech. Gabriel, Schmidt, Harel, Cellier, Jacotier, Kuch, Six, Brun, Lemeric, Malapert, Milbach, Lecomte, Meunier, Buisson, Masson, Bonvallet, Guitterie, Billotte, Vainier, Thomas, Boireau, Crousse, Baillet, Noguez, Lucas, Lassere, Cahaigne, Magnin, Palino...

Ces arrestations se font sans la moindre difficulté. Aucune résistance. Thiers panique, mais se rassure en voyant qu'on n'en veut pas à sa vie. L'arrestation de Changarnier qui, quelques jours plus tôt proclamait : « Mandataires du pays, délibérez en paix » vaut son pesant de pommade. « Le général parut, en chemise, nu-pieds, un pistolet à chaque main. Le commissaire se précipita sur ses bras et abattit ses armes en lui disant : « Général, on ne veut pas votre vie, pourquoi la défendre ? » Le général resta calme, livra ses pistolets et dit : « Je suis à vous, je vais m'habiller ». Le général fut habillé par son domestique et dit au commissaire : « Je sais que M. de Maupas est un homme bien élevé, veuillez lui dire que j'attends de sa courtoisie qu'il ne me prive pas de mon domestique dont je ne puis me passer »[5].

5. Granier de Cassagnac.

A sept heures du matin, tout est fini de ce côté-là.

Parallèlement, les affiches informant les Français ont été imprimées dans la nuit avec le maximum de précautions. C'est à deux heures du matin seulement que le texte en a été porté au directeur de l'imprimerie nationale par un aide de camp du président. Le directeur, informé et favorable à l'opération avait convoqué ses ouvriers pour un travail de nuit, sans spécifier lequel. Pour plus de sûreté, on fera composer les textes par fragments de manière qu'aucun typographe ne puisse reconstituer l'ensemble et savoir exactement ce qu'il compose. Enfin, les bâtiments de l'imprimerie nationale sont gardés par un bataillon en armes.

Huit heures du matin, une aube pâle et grise se lève sur Paris. Il pleut sur la capitale que l'armée a investi en silence dès six heures. La brigade Ripert occupe le Palais Bourbon que le colonel Espinasse a investi. La brigade Forey s'échelonne sur le Quay d'Orsay. La brigade Dulac est installée aux Tuileries et celle du général Cotte est en armes, place de la Concorde. Canrobert protège l'Elysée et les Brigades Reybell et Korte sont sur les Champs-Elysées. En tout, quarante-neuf mille fantassins, six mille cavaliers et cent dix-sept pièces d'artillerie.

Oudinot, arrêté en décembre 51.

TROIS AFFICHES D'ANTHOLOGIE

A tous les carrefours, les Parisiens tôt levés, pour la plupart des ouvriers, prennent connaissance des affiches qui ont été imprimées durant la nuit et que les sergents de ville apposent hâtivement.

La première rassemble toutes les qualités possibles : elle est courte et claire :

« Au nom du peuple Français
Le président de la République décrète

art. 1 : l'Assemblée nationale est dissoute
art. 2 : le suffrage universel est rétabli. La loi du 31 mai est abrogée
art. 3 : le peuple français est convoqué dans ses comices à partir du 14 décembre jusqu'au 21 décembre
art. 4 : l'état de siège est décrété dans l'étendue de la première division militaire
art. 5 : le Conseil d'Etat est dissous
art. 6 : le ministre de l'Intérieur est chargé de l'exécution du présent décret.

Fait au Palais de l'Elysée
le 2 décembre 1851
Louis-Napoléon Bonaparte
Le ministre de l'Intérieur
De Morny

Les ouvriers s'arrêtent, lisent, s'ils savent lire, ou écoutent ceux qui lisent à voix haute. Peu de réactions, mais dans l'ensemble plutôt favorables. Ce qu'ils voient de plus clair, c'est que l'Assemblée, celle qui pour eux est responsable des

« Appel au peuple »

« La situation actuelle ne peut durer plus longtemps. »

« L'Assemblée qui devait être le plus ferme appui de l'ordre est devenue un foyer de complots. Au lieu de faire des lois dans l'intérêt général, elle forge des armes pour la guerre civile ; elle attente au pouvoir que je tiens directement du peuple ; elle encourage toutes les mauvaises passions. Je l'ai dissoute et je rends le peuple entier juge entre elle et moi.

Aujourd'hui, que le pacte fondamental n'est plus respecté de ceux-là même qui l'invoquent sans cesse et que les hommes qui ont déjà perdu deux monarchies veulent me lier les mains, afin de renverser la République, mon devoir est de déjouer leurs perfides projets de maintenir la République et de sauver le pays en invoquant le jugement solennel du seul souverain que je connaisse en France : le peuple.

Je fais donc un appel loyal à la nation tout entière et je vous dis : si vous voulez continuer cet état de malaise qui nous dégrade et compromet notre avenir, choisissez un autre à ma place.

Si au contraire vous avez encore confiance en moi, donnez-moi les moyens d'accomplir la grande mission que je tiens de vous.

Cette mission consiste à fermer l'ère des révolutions en satisfaisant les besoins légitimes du peuple et en le protégeant contre les passions subversives.

Persuadé que l'instabilité du pouvoir et la prépondérance d'une seule Assemblée sont des causes permanentes de troubles et de désordres, je soumets à votre suffrage les bases d'une constitution :

— Un chef responsable nommé pour dix ans
— Des ministres dépendant du pouvoir exécutif seul
— Un Conseil d'Etat formé des hommes les plus distingués préparant les lois
— Un corps législatif discutant et votant les lois élu au suffrage universel
— Une seconde Assemblée, gardienne du pacte fondamental

Ce système, créé par le premier consul, a déjà donné à la France le repos et la prospérité.

Si vous partagez ma conviction, déclarez-le par vos suffrages.

Si au contraire, vous préférez un gouvernement sans forces, monarchique ou républicain, emprunté à je ne sais quel passé ou quel avenir chimérique, répondez négativement.

Si je n'obtiens pas la majorité, je convoquerai une nouvelle Assemblée et je lui remettrai le mandat que j'ai reçu de vous.

Mais si vous croyez que la cause dont mon nom est le symbole, c'est-à-dire la France régénérée par la révolution de 1789 et organisée par l'empereur est toujours la vôtre, proclamez-le en consacrant les pouvoirs que je vous demande.

Alors la France et l'Europe seront préservées de l'anarchie... »

Le 2 décembre 1851
Louis-Napoléon Bonaparte

journées de juin et de toutes les lois réactionnaires, est chassée, et que le suffrage universel est rétabli.

Victor Hugo constate ces réactions : « Les ouvriers lisent les affiches, ne soufflent mot, et vont à leur travail. Il y en a un sur cent qui parle. C'est pour dire : bon. La loi du 31 mai est abolie, c'est bon. Le suffrage universel est rétabli, c'est bien. La majorité réactionnaire est chassée. A merveille. Thiers est arrêté. Parfait. Changarnier est empoigné, Bravo ».

Une seconde affiche, un « appel au peuple », beaucoup plus explicite, s'adresse, elle, aux bourgeois, aux intellectuels, aux gens instruits. Toute aussi habile, elle développe les thèmes bonapartistes.

C'est admirable. Tout y est, y compris la petite touche d'émotion. Le ton est à la fois sobre et lyrique. Quant au contenu, c'est un chef-d'œuvre de concision et d'habileté : un rappel à l'empereur et « à la cause dont mon nom est le symbole ». Un rappel encore plus discret à la révolution de 1789 et à ses principes. Une non moins discrète promesse de satisfaire les besoins du peuple. Mais seulement ses besoins légitimes et « en le protégeant contre les passions subversives ». Une attaque vibrante contre l'Assemblée, ses indécisions, son incapacité, « ces hommes qui ont déjà perdu deux monarchies ». La mystique du suffrage universel : comment peut-on être plus loyal que ce président qui promet de s'incliner et de s'en aller s'il n'obtient pas la majorité ? La condamnation aussi bien d'une restauration monarchique (« empruntée à je ne sais quel passé ») que du socialisme (« ou quel avenir chimérique ») Et surtout la promesse de la stabilité et de l'ordre : un gouvernement fort, avec un chef nommé pour dix ans et tout-puissant et un pouvoir législatif partagé entre trois assemblées (l'une qui propose des lois mais ne les vote pas. La seconde qui les vote mais sans en avoir l'initiative et la troisième qui ne fait rien). Et pour terminer, le plus important : le rempart contre les rouges : « Alors la France et l'Europe seront préservées de l'anarchie... » Sinon... c'est la marée rouge qui va déferler...

Trois millions au moins d'honnêtes gens sont prêts à donner leurs voix les yeux fermés pour cette seule phrase ! Trois millions de ruraux de l'Ouest et de l'Est sont prêts à donner la leur, avec enthousiasme pour cette « cause dont mon nom est le symbole ». Ce n'est pas une affiche que cette proclamation, mais un morceau d'anthologie !

Enfin, une troisième proclamation est affichée dans les casernes et lue aux troupes qui occupent Paris. D'un ton bien différent, cette « Proclamation à l'armée » est non moins habile que les deux premières, jouant avec une suprême intelligence sur les sentiments ou, comme dirait le capitaine Mayer, sur les instincts spécifiques de « la grande muette ».

Troisième affiche, troisième trait de génie : évocation beaucoup plus marquée de l'épopée napoléonienne. Rappel de la discipline militaire et de l'obéissance passive. Promesses discrètes enfin, le plus fort peut-être, rappel des humiliations infligées par le peuple parisien à l'armée en 1830 et en 1848.

Une quatrième affiche, datée du même jour, mais qui ne sera en fait placardée que le lendemain, annonce la composition du nouveau gouvernement : Morny à l'Intérieur, le banquier Achille Fould aux finances, Rouher à la justice, Magne aux travaux publics, Lacrosse à la Marine, le Corse Casabianca au commerce, Saint-Arnaud à la Guerre, Turgot aux Affaires étrangères et le Provençal Fortoul à l'Instruction publique.

Le 2 décembre à huit heures du matin, les dés sont jetés. Et ils l'ont été de mains de maître. On peut dire que dès les premières heures, le coup d'Etat est réussi, sans coup férir.

Et pourtant...

Proclamation du président de la République à l'armée

« Soldats !

« Soyez fiers de votre mission, vous sauverez la patrie. Car je compte sur vous, non pour violer les lois, mais pour faire respecter la première loi du pays, la souveraineté nationale dont je suis le légitime représentant.

Depuis longtemps, vous souffrez comme moi des obstacles qui s'opposaient et au bien que je voulais vous faire et aux démonstrations de votre sympathie en ma faveur. Ces obstacles sont brisés. L'Assemblée a tenté d'attenter à l'autorité que je tiens de la nation entière : elle a cessé d'exister.

Je fais un appel loyal au peuple et à l'armée et je lui dis : ou donnez-moi les moyens d'assurer votre prospérité, ou choisissez un autre à ma place.

En 1830 et en 1848, on vous a traités en vaincus. Après avoir flétri votre désintéressement héroïque et dédaigné de consulter vos sympathies et vos vœux, et cependant vous êtes l'élite de la nation.

Aujourd'hui, je veux que l'armée fasse entendre sa voix.

Votez donc librement, comme citoyens ; mais comme soldats, n'oubliez pas que l'obéissance passive aux ordres du gouvernement est le devoir rigoureux de l'armée, depuis le général jusqu'au soldat. C'est à moi, responsable de mes actions devant le peuple et devant la postérité, de prendre les mesures qui me semblent indispensables pour le bien public.

Quant à vous, restez inébranlables dans les règles de la discipline et de l'honneur. Soyez prêts à réprimer toute tentative contre le libre exercice de la souveraineté du peuple.

Soldats, je ne vous parle pas des souvenirs que mon nom rappelle. Ils sont gravés dans vos cœurs. Nous sommes unis par des liens indissolubles. Votre histoire est la mienne. Il y a entre nous dans le passé, communauté de gloire et de malheurs. Il y aura dans l'avenir communauté de sentiments et de résolution pour le repos et la grandeur de la France.

Fait au Palais de l'Elysée
le 2 décembre 1851
Louis-Napoléon Bonaparte

Bivouac des troupes à la Conciergerie.

de Vinck
UN ENFANT AUX BARRICADES
OU
L'ENFANT DU FAUBOURG
(2 DÉCEMBRE 1851)
RÉCIT DRAMATIQUE
Par CONSTANT ROBERT
HENRI PASCAL, éditeur de musique, 38, rue Tiquetonne, PARIS
Successeur d'Albert REPOS
Exécution publique et tous droits de traduction et de reproduction réservés. Propriété pour tous pays.

V. *La résistance à Paris*

Et l'Assemblée législative dans tout cela ? Allait-elle regarder le coup d'Etat d'un œil favorable malgré l'arrestation du quarteron de députés ? Les burgraves qui composent la majorité se sentent soudain tout désarmés. Ce coup de force qu'ils annonçaient et dénonçaient depuis deux ans, le voici là, soudain et sous la forme la plus claire qui soit : des dizaines de milliers de soldats occupent Paris. Le prince président s'empare de la France dont ils rêvaient, eux, de refaire une monarchie. Bon nombre de ces braves gens a dû regretter alors de n'avoir pas su se concilier les bonnes graces de Bonaparte, de lui avoir rogné ses crédits, de n'avoir pas cru à son étoile. Ah, si c'était à refaire ! Mais pour l'instant, l'affiche annonçant la dissolution de l'Assemblée est là qui les renvoie à leur néant, à leurs gentilhommière normande, ou à leur étude périgourdine. Les plus tremblants vont même jusqu'à imaginer des déportations, des exils, des bagnes.

LA RÉSISTANCE EN BONNET DE NUIT

Alors que faire ? Que tenter pour résister au coup d'Etat ? Délibérer bien sûr. Se réunir quand même, discuter et voter. Toute la journée du 2 décembre va voir une centaine de députés de la majorité — les plus courageux, les autres se terrent chez eux — cherchant par tous moyens à siéger quand même, courant à travers Paris comme un nuage de gros hannetons affolés.

Au début de la matinée, ils sont une cinquantaine qui se réunissent chez Odilon Barrot. Il y a là, tout le gratin des Orléanistes : Odilon Barrot, bien sûr, l'homme des banquets, celui qui a déclenché la révolution de février et chassé Louis Philippe sans le vouloir, l'ancien président du Conseil de Louis-Napoléon. Tocqueville qui a rédigé cette constitution si mal équilibrée qui vient d'être jetée au ruisseau par le prince président, Duvergier de Hauranne, Dufaure, Lanjuinais, le prince de Broglie, de Sèse, Delessert, et le duc de Montebello, le fils du maréchal Lannes, l'ami de Napoléon Ier. Après une heure de discussion, on élabore et on signe une protestation solennelle :

« Considérant que Louis-Napoléon Bonaparte, violant ses serments et la Constitution, a dissous l'Assemblée et employé la force publique pour couronner cet attentat... déclarent que l'article 68 de la Constitution trace à chaque citoyen le devoir qu'il a à accomplir. En conséquence, le président est déclaré déchu de ses fonctions. La Haute Cour de Justice est convoquée. »

C'est bien faible, comme style, à côté des proclamations qui recouvrent depuis la nuit les murs de Paris. Cette protestation de juristes ne risque pas de galvaniser les foules. Et d'ailleurs, les foules ne la connaîtront pas, car ce texte reste confidentiel, il n'est pas question d'appeler le peuple aux armes !

A la même heure, trois autres dizaines de représentants se retrouvent chez Daru, vice-président de l'Assemblée qui habite rue de Lille, à quelques pas du Palais-Bourbon. On décide cette fois de se réunir quand même à l'Assemblée. Après tout l'armée ne va pas tirer sur des députés, des notables, des chefs du parti de l'ordre. Et, en procession, on se dirige vers l'Assemblée.

Mais, dès les premières heures de la matinée, le colonel Espinasse, un ancien de la Kabylie, un fidèle de Saint-Arnaud, a été chargé de s'emparer du Palais-Bourbon à la tête de son régiment, le quarante-deuxième d'infanterie. Il rassemble ses troupes, et leur tient un bref discours qui se résume dans sa dernière phrase : « Voulez-vous être commandés par des pékins ou par le neveu de l'Empereur ? ». Et sans coup férir, il investit le Palais-Bourbon, avec d'autant moins de difficultés que depuis trois mois, c'était son régiment qui était chargé d'en assurer la protection... contre tout coup d'Etat éventuel !

En quelques minutes, les hommes du quarante-deuxième occupent l'Assemblée, en contrôlent les portes, les couloirs, les salles. On fait attention à ne pas réveiller le président, l'illustre Dupin qui ronfle paisiblement dans son appartement. Ou feint de dormir par prudence. Lorsque la cohorte venue de chez Daru se présente à la grande porte, les soldats refoulent ces quelques députés, gentiment, mais fermement : « Allons, circulez ». Ils n'insistent guère, les représentants de la nation, et retournent chez Daru, toujours en procession.

Pourtant Espinasse n'a pu tout prévoir. Il connaît mal les

lieux et il ne veut pas empêcher les domestiques de circuler dans les couloirs pour apporter son petit déjeuner au président Dupin. Profitant de ce que l'une des portes de service n'était pas gardée, une cinquantaine de députés parviennent à s'infiltrer et se retrouvent à leurs places, dans la salle des séances, à leurs bancs. On va chercher le président Dupin, qui aurait bien voulu continuer d'ignorer tout cela, et s'en tire par une pirouette : « Nous avons le droit, c'est évident, mais ces messieurs ont la force. Il n'y a qu'à nous en aller ». Tel est le mot historique de ce Joseph Prud'homme, avant de retourner dans ses appartements bien douillets.

Dépités, les députés entament néanmoins la séance, pour savoir si l'on va proclamer la déchéance du prince président. Malgré les instructions qu'il avait reçu d'agir « en douceur », le colonel Espinasse ne peut laisser se développer cet embryon de résistance légaliste. Mais écoutons-le raconter :

« Une soixantaine de députés se réunirent dans la salle des séances. Ils y délibéraient de la déchéance du prince président. Aussitôt, je chargeais un chef de bataillon de la gendarmerie d'expulser du palais, cette tentative de réunion. Cet officier fut accueilli par des huées... il dut battre en retraite. J'entrais dans la salle, à la tête de mes grenadiers. Les cris, les manifestations, les injures couvraient mes paroles. Je ne pouvais laisser se prolonger une telle scène ; quelques énergumènes saisissaient mes grenadiers par leurs buffleteries. Je prononçais d'une voix qui dominait le tapage : "gendarmes, emportez ces messieurs". Le commandement fut exécuté, non sans peine. Les gendarmes emportèrent les députés, comme on emporte des paquets. »

Se retrouvant sans autre forme de procès sur le trottoir, les députés décident d'aller à leur tour chez Daru. Cela fait maintenant beaucoup de monde, et l'hôtel de celui-ci commence à devenir étroit. On décide alors de tous se réunir à la mairie la plus proche, celle du Xe arrondissement au carrefour de la Croix-Rouge [1].

A onze heures du matin, ils sont près de trois cents, tassés dans la mairie : ceux venus de chez O. Barrot, ceux qui occupaient l'hôtel Daru depuis le début de la matinée, ceux qui ont été jetés à la rue par Espinasse. Dans une odeur de chien mouillé, chacun s'interpelle, s'agite, s'inquiète. C'est le légitimiste Berryer qui prend les choses en mains. Il s'improvise président de séance et mène les débats. Le comte de Falloux propose de rédiger une proclamation. Berryer suggère de voter un décret prononçant la déchéance de Louis-Napoléon Bonaparte sur le fondement de l'article 68 de la Constitution.

Un député républicain, égaré, intervient : « Vous ne vous défendez que par la révolution ! ». Eh là, où se croit-il celui-là ? Berryer lui répond, « Nous nous défendons par le Droit ! ». Les approbations fusent de toute part : « La loi, la loi, pas de révolution ».

La question est réglée, pas de révolution, pas d'appel aux armes. Mais il faut assurer la sécurité de ce Parlement croupion, pour qu'il puisse délibérer en paix, voter la déchéance et brandir la loi contre les baïonnettes. Or, parmi les députés généraux, il en est un que Morny, n'a pas jugé bon de faire arrêter : le général Oudinot (encore un fils du maréchal d'Empire !), l'ancien chef de l'expédition de Rome. A l'unanimité il est nommé commandant en chef des troupes, et il accepte noblement, sans que personne ne précise de quelles troupes il peut bien s'agir. La troupe d'ailleurs, la voilà, qui,

1. Le Xe arrondissement regroupait alors une partie du VIe et du VIIe arrondissements actuels.

vers treize heures, se présente à la mairie du Xᵉ pour mettre fin à cette réunion « séditieuse ». Un vent de panique parcourt les trois cents députés. Et les mots historiques fusent :

— « Si nous n'avons pas la force, ayons au moins la dignité » s'écrie le comte de Falloux. Et de sa belle voix de grand avocat, Berryer renchérit :

— « Restez à vos places, songez que l'Europe entière nous regarde. »

Un officier, un peu intimidé, vient d'entrer dans la salle. De la porte, il rappelle que tous les rassemblements sont interdits, et que par conséquent, Messieurs les députés doivent se disperser et rentrer chez eux. Sinon, il serait au regret de devoir les conduire à la prison de Mazas.

La voilà la solution ! Ils savent très bien, ces députés de l'ordre que l'on ne va pas déporter trois cents notables. Arrêtés, ils passeront quelques jours désagréables, mais ils auront sauvé leur honneur sans déclencher une insurrection dont on ne sait pas comment elle peut tourner, qu'on se souvienne de février 1848. Et puis, à Mazas, ils seront à l'abri : si le prince président l'emporte, ils pourront toujours se rallier. S'il échoue, ils seront des martyrs et des héros.

Aussitôt, trois cents poitrines hurlent : « A Mazas, à Mazas ».

L'officier est bien embêté. Il n'a que quelques dizaines d'hommes avec lui, et dans la rue, on ne sait jamais. Mais ses ordres sont formels. Alors, bon gré, mal gré, il organise la procession qui va aller de la mairie du Xᵉ à la caserne du Quai d'Orsay. En rang par trois, la majorité de l'Assemblée défile dans les rues grises, sous la pluie, encadrée par quelques grenadiers goguenards. Arrivés dans la cour de la caserne, les militaires qui sont des gens ordonnés, font l'appel afin de savoir ce que leur a apporté ce coup de filet.

Du beau monde. Ils sont là, deux cent vingt (quelques-uns se sont esquivés à la mairie sans que les soldats cherchent à les retenir). Il y a Berryer bien sûr, l'illustre avocat, Odilon Barrot, Barthélemy Saint-Hilaire le fidèle lieutenant de Thiers, le prince de Broglie, le duc de Coislin, le duc de Dampierre, le comte de Luynes, le comte de Keratry, Duvergier de Hauranes, le comte de Tocqueville (ces représentants de la République font penser à la Cour d'un roi) ; Remusat, l'historien Mortimer-Ternaux, Casimir-Perrier, le général de Saint-Priest, le général Lauriston et même un amiral, l'amiral Cécile le duc de Montebello, le général Oudinot, le comte Daru (on se croirait cette fois à la Cour de Napoléon, le premier bien sûr).

Cela tient du pensionnat. Certains vont se reposer de leurs fatigues et se remettre de leurs émotions dans le dortoir que l'on improvise. D'autres discutent et rient dans la cour de récréation, pardon, de la caserne. Mieux encore, on sonne à la porte, ce sont des députés qui, restés chez eux, le matin, et ayant appris la nouvelle, se présentent pour être arrêtés à leur tour. L'un d'eux, M. Valette, a même un mot superbe. Comme l'officier qui garde la conciergerie lui conseille de rentrer chez lui, ou d'aller se faire arrêter ailleurs, il proteste : « J'ai pourtant deux titres pour être arrêté, je suis représentant du peuple, et professeur de droit ».

On ne peut garder tout ce monde à la caserne. En catastrophe, Morny fait préparer des chambres partout où il y a de la place. Dès le 2 au soir, on va en embarquer quelques-uns pour le Mont-Valérien. Il y a là le comte de Falloux, le général Oudinot, le général Lauriston, et le duc de Montebello. Au moment de monter dans le panier à salade, celui-ci s'adresse au colonel de Ferray qui dirige l'opération : « C'est aujourd'hui l'anniversaire d'Austerlitz et le gendre du maréchal Bugeaud fait monter le fils du maréchal Lannes dans une voiture de galérien ».

Les autres passent la nuit à la caserne du Quay d'Orsay, et le 3 au matin, on les transfère, en omnibus, à Vincennes. Mais en cours de route, les passants les reconnaissant : « Délivrons les représentants du peuple », crie une voix.

La foule arrête les chevaux, bloque les ouvertures. Les soldats, trop peu nombreux, sont en bien mauvaise posture. Eh là, va-t-on délivrer les députés ? Ceux-ci protestent, puis supplient le peuple de bien vouloir les laisser arrêtés. Surtout qu'on ne les délivre pas ! La foule, stupéfaite, s'écarte et le convoi peut repartir.

A Vincennes, on s'installe en plaisantant dans les dortoirs aménagés. Orléanistes, légitimistes et républicains modérés, voisinnent sur les paillasses. Les salles sont bien chauffées, on échange des plaisanteries. Dès le 4, les familles sont admises à visiter les malheureux prisonniers pour leur apporter du linge, des douceurs. L'un des représentants raconte : « Madame de Vatimesnil parvint à s'introduire dans nos salles... parcourant les salles, une lanterne à la main, allant de matelas en matelas, en quête de son mari, qu'elle reconnut à son bonnet de coton ». Le prudent député avait songé à prendre son bonnet de nuit avant d'aller se faire arrêter. Berryer avait voulu écrire du Corneille, tout se terminait comme du Labiche !

Dans tout cela, on avait un peu oublié un rouage prévu par la Constitution ; la Haute Cour de Justice. En cas de coup d'Etat, cette juridiction, composée de magistrats de la Cour de Cassation, devait se réunir d'office et juger le président. Bien embêtés les hauts magistrats. Si le coup d'Etat triomphait, ils risquaient leur carrière en se réunissant. Mais s'il échouait, ils la risquaient en ne se réunissant pas ! Mais on ne prend pas des conseillers à la Cour de Cassation comme cela.

La répression à Paris. Décembre 1851.

Rompus à toutes les finesses de la procédure ils se réunissent le 2 décembre, ouvrent un dossier, rédigent un P.V. et décident de mettre l'affaire en continuation.

Durant ce temps, le commissaire de police du quartier de l'Arsenal errait dans le palais de Justice. Maupas, l'avait spécialement chargé de trouver la Haute Cour, et de la dissoudre si celle-ci se réunissait. Mais au palais, personne ne savait. Les huissiers voulaient bien indiquer le tribunal, la Cour d'Appel, la Cour de Cassation, mais la Haute Cour, personne n'avait jamais entendu parler. Les magistrats rencontrés, le Parquet consulté, avaient bien vu quelque chose de ce genre dans la Constitution, mais quant à dire où pouvait bien siéger la Haute Cour ? Désolés, mais vraiment, ils n'avaient pas la moindre idée. Le malheureux parcourt les couloirs du palais. Il mettra vingt-quatre heures pour découvrir, dans un cabinet de la Cour de Cassation, une poignée de magistrats opinant gravement :

— Pardon, Messieurs, la Haute Cour, s'il vous plaît ?

— C'est ici, Monsieur.

Enfin ! Le commissaire poussa un soupir de soulagement et annonce que la Haute Cour est dissoute.

Les magistrats, remercient, acquiescent, en poussant un soupir encore plus fort, et rentrent paisiblement chez eux. La résistance légaliste est terminée. L'Assemblée est dissoute, sous les verroux, bien au chaud dans ses bonnets de coton. Le président Dupin dort toujours. La Haute Cour est rentrée chez elle. La Constitution de 1848 n'existe plus.

Et pourtant, à l'Elysée, au ministère de l'Intérieur, à la préfecture de police, au ministère de la Guerre, on sait que les affaires sérieuses, n'ont pas encore commencé, et que le plus dur reste à venir, car les républicains ne vont pas, eux, se contenter de discours.

« Cinq heures : les troupes passent, repassent, les cris s'apaisent puis recommencent, singulière alternative de terreur et d'insouciance. Il y a des gens qui vont en chantonnant, les mains dans leurs poches, des jeunes gens isolés qui, sous l'œil des soldats, lacèrent avec leurs cannes les proclamations posées sur la muraille, des commères qui, tantôt rient, tantôt pâlissent sur le pas de leurs portes, des ouvriers qui se croisent, se disent quelques mots et se quittent, des marchands de vieux habits qui braillent comme à l'ordinaire. Puis des silences complets où la rue est déserte. Avec toutes ces boutiques fermées, on dirait que la population est morte et qu'il n'y a plus que des maisons vides dans une ville abandonnée. »

George Sand

VICTOR HUGO CONTRE NAPOLÉON LE PETIT

Déjà, dans l'après-midi du 2, une bande d'étudiants où se distinguait la haute silhouette de Jules Vallès, avait quitté le quartier latin pour marcher vers la mairie du Xe où, disait-on, les députés hostiles au coup d'Etat s'étaient réunis. Il avait suffi d'un fort parti de cavalerie place Saint-Sulpice pour les arrêter. Mais le peuple ?

Est-ce le silence qui précède l'explosion ou celui de la résignation ?

Au ministère de l'Intérieur, devant A. Houssaye, qui n'en revient pas d'un tel sang-froid, le duc de Morny prend tranquillement son bain. C'est que ses précautions sont prises et, nous le verrons, l'insurrection des républicains, non seulement il ne la redoute pas, mais il l'espère afin de pouvoir écraser, définitivement cette fois, les rouges.

Oui, ses précautions sont prises. Dans la capitale, le matin du 2 décembre, il y a presque soixante mille hommes de troupe et cent dix-sept pièces d'artillerie. La première division, commandée par le général Carrelet (brigades Cotte, Canrobert, Dulac, Bourgoing et Reybell plus trois brigades de cavalerie) forte de vingt mille hommes entoure l'Elysée et les Tuileries. La deuxième division, général Renault (brigades Forey, Ripert et Saubarel) occupe la rive gauche. Et la troisième division sous les ordres du général Levasseur (brigades Marulaz, de Castigis et Herbillon) tient la rive droite de la Seine depuis l'hôtel de ville jusqu'à Vincennes, face au faubourg Saint-Antoine et au faubourg du Temple, les quartiers ouvriers, les quartiers dangereux.

Comme Morny, ces soixante mille hommes rêvent de « casser du rouge ». L'armée n'a pas pardonné aux Parisiens ses révolutions de 1830 et de 1848.

Oui, l'armée est prête. Morny est prêt. Mais les républicains vont-ils bouger, les rouges vont-ils se soulever ? Depuis trois ans, nous l'avons vu, ils n'ont cessé d'être décimés. Plus de journaux, plus d'organisation. Des milliers d'ouvriers sont tombés sur les pavés de Juin. Blanqui, Barbès, Raspail, sont en prison. Ledru-Rollin et Louis Blanc exilés à Londres. Et les députés républicains ne s'attendaient pas à ce coup d'Etat auquel ils ne croyaient pas, persuadés que la partie se jouerait à la loyale, quelques mois plus tard, dans les urnes.

Dès la matinée du 2 décembre, tandis que les députés de la majorité se faisaient coffrer à la mairie du Xe, les représentants républicains se réunissent, loin du centre de la ville, au 70 de la rue Blanche. Ils sont là une soixantaine : des députés, d'anciens représentants de la Constituante de 1848, une poignée de journalistes. Il y a là tous les chefs de la Montagne, Schoelcher, Edgard Quinet, Madier de Montjau, Carnot et Baudin. Un égaré, Jules Favre et même quelques extrémistes : le Dr. Yvan, député des Basses-Alpes, Esquinos, Deflotte. On décide naturellement de rédiger une proclamation. Mais écrire un texte percutant à cinquante n'est pas chose aisée et l'on en est à discuter sur le point de savoir quels articles de la Constitution il faut reproduire lorsque Victor Hugo arrive. Le verbe, c'est son rayon, et aussitôt il dicte au jeune député Baudin le texte qui doit déclencher l'insurrection républicaine et faire échouer la tentative de Napoléon le Petit.

« Louis-Napoléon est un traître,

Il a violé la Constitution.

Il s'est mis lui-même hors la loi.

Les représentants républicains rappellent au peuple les articles 68 et 110 de la Constitution ainsi conçus : art. 68 : art. 110.

Le peuple désormais est à jamais en possession du suffrage universel, le peuple qui n'a besoin d'aucun prince pour le lui rendre, saura chatier le rebelle.

Vive la République, Vive la Constitution — Aux armes. »

Cela a quand même une autre allure que les « considérant que... d'Odilon Barrot ! Mais c'est finalement beaucoup moins bon que les proclamations de Bonaparte. Pour penser que le peuple parisien prendra les armes dans le seul but de défendre la Constitution, il faut être poète ou avocat... et tout ignorer des quartiers ouvriers !

Il ne suffit pas de rédiger la proclamation, encore faut-il la faire imprimer. Or, Morny, qui n'a négligé aucun détail, a fait dès le matin occuper toutes les imprimeries. Un jeune journaliste, Millière, se charge d'en trouver une. Pour plus de précaution, Baudin recopie le texte d'Hugo en plusieurs exemplaires qu'il distribue. Mais il faut de l'argent pour payer le papier. Alors, on prend un chapeau, et on fait la quête auprès des présents. Un homme entre : « Citoyens, la troupe est en marche pour vous cerner ». C'est alors que commence une vaste partie de cache-cache entre les députés républicains et la police, qui va durer toute la journée. On se sépare en se donnant rendez-vous après déjeuner chez Bonvallet, boulevard du Temple. Là on est tout près du peuple et Michel de Bourges, l'orateur attitré de la Montagne, harangue les passants sur le boulevard. Le résultat est désastreux, les passants continuent de passer sans même s'arrêter. Où est donc le peuple ? On ne sait pas, mais la police, elle, est là et tout le monde se sauve pour se retrouver dans le Marais chez Beslay. On a à peine le temps de s'asseoir que l'on signale à nouveau la troupe. Il faut repartir.

Nouvelle réunion vers vingt-trois heures chez Lafond, Quai de Jemmapes. On élit un Comité de résistance qui comprend : Victor Hugo bien sûr, Michel (de Bourges), Madier-Monjau, Schoelcher, Deflotte, et deux modérés inattendus : Carnot et Jules Favre. Mais la Police est de nouveau signalée.

La dernière réunion de la journée aura lieu à minuit chez Cournet, rue Popincourt. En une heure, on décide que dès le lendemain matin, les chefs de la résistance républicaine iront eux-mêmes construire des barricades au faubourg Saint-Antoine. Ce sera l'étincelle qui réveillera le peuple et allumera l'insurrection. Rendez-vous est donc pris pour le 3 au matin au café Roysin et, comme il est déjà une heure, tout le monde se sépare.

A la préfecture de police, Maupas recevait sans cesse des rapports lui signalant des réunions de républicains, rue Blanche, dans le Marais, dans les Halles. Sa terreur des rouges est telle qu'il les multiplie par dix, par cent. L'insurrection, il la devine. Il commence donc par envoyer un billet à Monseigneur Sibour, l'archevêque de Paris : « Les socialistes veulent occuper vos églises et sonner le tocsin ». Le prélat donne aussitôt l'ordre à tous ses curés parisiens de couper toutes les cordes des cloches.

Mais cela ne suffit bien évidemment pas à rassurer Maupas. Le 2 décembre au soir, il écrit à Morny, affolé : « Les sections socialistes commenceront à six heures du soir... Les munitions sont des bombes portatives à la main. Le quarante-quatrième serait avec eux. Trois cents hommes le suivent en criant "Vive la République sociale". Ils ont l'intention de faire sonner le tocsin. Je fais couper les cordes et occuper les clochers. La nuit sera très grave et décisive. On a le projet de se porter sur la préfecture de police. Tenez du canon à ma disposition, je vous le demanderai quand il le faudra. »

Quand on pense que « les sections socialistes » se composent en tout et pour tout d'une poignée de députés dont le pauvre Jules Favre ! et que les bombes portatives se résument à la proclamation de Victor Hugo !

Le 3 décembre, il fait à peine jour et la pluie continue de tomber. Quelques silhouettes marchent rapidement vers le café Raysin situé juste à l'entrée du faubourg Saint-Antoine. On se secoue en pénétrant dans l'établissement. Les hommes sont fatigués par une nuit trop courte, inquiets, fébriles. Ils ont froid. Ils sont bien seuls. A huit heures trente, l'heure limite fixée la veille au soir, ils sont à peine une quinzaine : Schoelcher, Madier de Monjau, Deflotte, Esquiros, Baudin, Bruchner, Brillier, Maigne, Molardier, Bonizat et Charamante. Sur les cinquante présents la veille, c'est bien peu. Jules Favre n'est pas venu, bien sûr, ni Arago, ni Carnot. Et Victor Hugo ? Absent lui aussi.

Un militaire, le capitaine Mayer, note, dès le 2 décembre : « J'augurais, dès ce moment, que l'armée ferait payer cher aux Parisiens les affronts de 1830 et les humiliations de 1848 ».

Quelques jours plus tard, le même observateur constate : « L'armée n'était pas seulement convaincue mais fanatisée ».

Et de rapporter une anecdote qui illustre bien l'état d'esprit de la troupe et des officiers :

« Le brave et spirituel colonel du septième lancier, M. Feray (le gendre du maréchal Bugeaud)... se trouvait avec son escadron dans les environs de Chaillot. On lui amène un des plus notoires démagogues de cette commune [2]. Le colonel voulant essayer jusqu'où allait l'obéissance de ses soldats, appelle ses deux plantons et leur dit en secouant la cendre de son cigare :

— Vous allez me brûler la cervelle de ce brigand-là. Faites-le mettre à genoux et cassez-lui la tête.

Les deux plantons arment froidement leurs pistolets, prennent à la cravate l'homme, lui appliquent leur arme sur chaque tempe et attendent avec le plus grand calme l'ordre du colonel.

— Emmenez-le, dit M. Feray, il est trop lâche pour être fusillé par de braves gens comme vous.

Et il le fit conduire à la préfecture de police. »

2. Traduisons : un militant républicain.

SEPT RÉPUBLICAINS EN QUÊTE DE BARRICADES

Tant pis pour les absents, puisqu'on a décidé d'élever une barricade, on y va. Madier de Montjau se charge de soulever Belleville. Les autres se dirigent vers le faubourg Saint-Antoine.

Ceints de leurs écharpes tricolores, ils parcourent la rue du faubourg Saint-Antoine en criant : « Aux armes Citoyens ». Une centaine d'ouvriers se joignent à eux. On élève la première barricade à l'angle des rues Cotte et Sainte-Marguerite. Mais personne n'est armé. Quelques ouvriers réalisent alors des opérations de « commando » et désarment des soldats isolés. Vers neuf heures et demie, derrière la barricade, il y a cent hommes, quinze députés, et dix fusils. Voilà l'insurrection !

On tente de convaincre les passants de rejoindre la barricade. « Citoyens, le peuple doit défendre la République. » Un ouvrier en blouse toise ces bourgeois en redingote et chapeau haut de forme. Ce sont les mêmes qui ont fait tirer sur lui, il y a à peine trois ans, en juin. Et puis leur République de bourgeois, leur Constitution, il n'en a rien à faire. La propagande antiparlementaire de Louis-Napoléon a porté ses fruits. Il répond la bouche mauvaise que lui gagne un franc par jour et que ces beaux messieurs les députés qui en gagnent vingt-cinq n'ont qu'à défendre eux-même leur fromage.

Baudin lui rétorque : « Restez un peu avec nous, mon ami, vous verrez comment on se fait tuer pour vingt-cinq francs par jour ».

C'est alors que l'on signale la barricade à l'armée. Trois compagnies du dix-neuvième de ligne, commandées par le

Schœlcher quittant la barricade Saint-Antoine et allant au-devant des troupes.

commandant Pujol et le capitaine Petit s'ébranlent et remontent lentement la rue du faubourg Saint-Antoine. Bientôt, ils sont en face de la barricade. Huit députés étaient debout sur celle-ci. Sept d'entre eux descendent et marchent vers les soldats, sans autres armes que leur écharpe de député ; les bras ouverts, haranguant les militaires. Il y a là Schoelcher, Brillier, Bruckner, Deflotte, Dulac, Maigné, et Molardier. Baudin est resté debout sur la barricade, sans armes, lui non plus.

Schoelcher parle à la troupe : le prince président s'est mis lui-même hors la loi. La Constitution — les soldats du peuple ne vont pas tirer sur les représentants du peuple.

— « Taisez-vous, ordonne le capitaine Petit, et retirez-vous ou je fais tirer. » Une trentaine de mètres en avant de la barricade, les sept députés. Une dizaine de mètres plus loin, la troupe est arrêtée. Debout sur la barricade, Baudin. « Vous pouvez tirer, nous ne reculerons pas, répond Schoelcher. Vive la République. » L'officier lance un ordre : « En avant ».

La troupe s'ébranle, la baïonnette en avant. Les sept députés républicains ne bougent pas. Les soldats sont sur eux, ne tirent pas et se contentent de les repousser sur les côtés plus ou moins doucement. Baudin, toujours dressé sur la barricade, a pris le relais et harangue à son tour les militaires. Un soldat pousse Schoelcher avec sa baïonnette. Derrière la barricade, un ouvrier croit qu'il frappe le député et tire. Un soldat est tué.

— Feu, commande le capitaine Petit.

Et Baudin s'écroule, trois balles dans la tête. A ses côtés, un ouvrier tombe. On meurt aussi bien pour un franc que pour vingt-cinq francs par jour.

Le capitaine Petit, bien ennuyé, laisse les républicains se replier avec le corps de Baudin. La barricade est démolie, la troupe reprend sa marche. Les sept députés poursuivent leur déambulation dans le quartier Saint-Antoine en appelant le peuple aux armes. Espèrent-ils toujours ? Continuent-ils sans espoir ? Ils sont en tout cas admirables d'inconscience et de bonne foi.

Pendant ce temps, Victor Hugo cherche la révolution. Il ne s'est pas terré comme Jules Favre, il s'est trompé d'heure. Ecoutons-le raconter lui-même son départ pour les barricades : « Mon chapeau était dans l'antichambre, mon fiacre m'attendait et je pris le chemin du faubourg Saint-Antoine ». Il y a bien un monde entre les ouvriers parisiens et ces révolutionnaires en fiacre ! Lorsqu'il arrive au café Raysin, les autres sont partis depuis deux heures et Baudin vient de se faire tuer. Le poète rédige alors un appel à l'armée. Mais décidément l'inspiration le fuit ces jours-ci. Son texte, long de plusieurs pages, ne vaut rien. N'est pas tribun qui veut.

A Belleville, Madier de Montjau n'a pas plus de succès que Schoelcher au faubourg Saint-Antoine. Il a trouvé pourtant une imprimerie ouverte et fait coller rapidement quelques centaines de proclamations :

« Aux armes

La République, attaquée par celui qui lui avait juré fidélité doit se défendre et punir les traîtres.

A la voix de ses représentants fidèles, le faubourg Saint-Antoine s'est levé et combat.

Les députés n'attendent qu'un signal et il est donné

Debout, tous ceux qui veulent vivre et mourir libres.

Pour le comité de résistance de la Montagne :
Madier de Montjau

Madier de Montjau ? Qu'est-ce que c'est que cela ? Encore un noble, un bourgeois ? Belleville fait la sourde oreille. Belleville ne bouge pas. Belleville attendra vingt ans et Flourens pour prendre le fusil. Le malheureux Madier de Montjau reste seul avec ses affiches trop fraîches dont la pluie fait déjà couler l'encre.

LES CHOSES SE GÂTENT

Alors, tout est fini ? Tout est perdu ? Maupas s'est alarmé à tort ? Les soixante mille soldats de Saint-Arnaud sont inutiles ? Non, vers la fin de la matinée, le Paris ouvrier s'éveille et tandis que Schoelcher et ses six amis poursuivent leur marche de funambules de la République, un peu plus à l'ouest, les barricades s'élèvent enfin. Rue Saint-Denis, rue Greneta, rue Beaubourg, rue Transnonain. Tout le quartier des Halles est soulevé. Sur les boulevards, les jeunes bourgeois républicains s'attroupent et crient « Vive la République ». L'espoir change, le combat trouve une âme. A dix-sept heures le comité de résistance se réunit pour faire le point. De nouveaux adhérents sont là : Garnier-Pagès, Marie, Emile Girardin et le prince Napoléon (le cousin de Louis-Napoléon !). Girardin suggère que tous les députés se constituent prisonniers et déclenchent une grève générale. D'où un échange de paroles assez vif avec Michel (de Bourges). La majorité décide : pas de solution de fantaisie, on poursuit l'insurrection.

L'armée lance quelques colonnes dans les Halles. Elle s'empare des barricades. « Tous les obstacles de la rue Beaubourg furent enlevés au pas de course et ceux qui les défendaient passés par les armes », écrit le général Magnan.

Mais aussitôt, l'armée évacue et abandonne le terrain aux

républicains qui reconstruisent les barricades. Que se passe-t-il donc ? Magnan dispose de soixante mille hommes et cela lui suffit largement pour occuper le centre de la ville, les quartiers chauds. Or, il se contente de lancer quelques « raids ». On a l'impression d'un picador qui cherche à énerver le taureau. Et après, chacun de ces raids, les barricades non seulement se reconstituent, mais se multiplient. Tout le monde sent que le parti de la résistance républicaine fait depuis le matin des progrès fantastiques. A neuf heures, ils étaient sept et deux cadavres. Moins de douze heures plus tard, ils sont des milliers.

L'ambassadeur d'Autriche, Hubner, est encore plus net. Le quatre au matin, il note : « Si la situation d'hier et d'avant-hier continue, la position du gouvernement deviendra intenable. Elle est déjà fort critique. On commence à douter de la réussite du coup d'Etat. Au ministère des Affaires étrangères, on ne s'en cache pas ».

Louis-Napoléon, après une brève sortie à cheval, le long des Tuileries, se terre à l'Elysée, fumant cigarette sur cigarette. Personne ne le voit, personne ne l'approche. Qu'attendent donc Morny et Saint-Arnaud pour agir, lancer l'armée à l'assaut ? Ne voient-ils donc pas que les foyers d'insurrection se multiplient ?

Bien sûr que si. Et c'est ce qu'ils attendaient. Pour Morny il ne suffit pas de réussir le coup d'Etat, il faut assurer l'avenir, conquérir la confiance de toute la bourgeoisie orléaniste ou républicaine modérée et pour cela, anéantir les rouges. Il ne servirait à rien de tuer quelques républicains si on ne détruit pas leur race. Pas de demi-mesure comme en juin 1848. C'est pour cinquante ans qu'il faut assurer la victoire de l'ordre. Et pour y parvenir Morny a décidé de laisser se développer l'insurrection, de la provoquer s'il le faut, et alors seulement

Maupas, à la préfecture de police, le voit très bien et il écrit à Morny de plus en plus affolé :

« Le 3 décembre, quatre heures

Voici le mot d'ordre que les délégués envoient à l'instant même à toutes les sections :

"Tout le monde au faubourg Saint-Antoine et à celui du Temple pour ce soir. Ledru-Rollin, Considérant, Mazzini seront à Paris demain matin. C'est la grande lutte de 1852 que nous avons à combattre en décembre 1851."

On m'assure que le prince de Joinville débarque à Cherbourg, Madier de Montjau est tué, Schoelcher gravement blessé. Des barricades à l'école de médecine.

de Maupas.

P.S. Je ne crois pas que les sympathies populaires soient avec nous. Nous ne trouvons d'enthousiasme nulle part. Ceux qui nous approuvent sont tièdes... Le bon côté de la médaille c'est que la troupe paraît décidée à agir avec intrépidité. C'est là qu'est notre force et notre salut. Pour ma part, quelque pessimiste que je puisse être, je crois fermement au succès. »

frapper, frapper fort de manière à ce que plus jamais il n'entende parler de rouges.

Tel est bien le but de Louis-Napoléon. Il le confiera à Appoigny, quelques jours plus tard :

« On sera obligé de se rallier à moi pour éviter le désordre. Au reste, je suis décidé à remplir ma mission, à écraser le parti démagogique en France, à mettre un frein à la licence de la presse. Vous ne verrez plus de combats dans les rues de Paris,

La mort du député Baudin.

mais si jamais la révolution relevait encore une fois la tête, je ferais précéder la bataille par un roulement de tambour, par des coups de canon, pour prévenir les paisibles citoyens qu'ils doivent rentrer chez eux et fermer portes et fenêtres. Après cela, tant pis pour ceux qui seraient restés dans les rues. »

Dès le 2 décembre au matin, à Paris, le coup d'Etat était réussi. Mais cela ne suffisait pas, il fallait encore gagner la guerre sociale qui couvait depuis trois ans. C'est donc volontairement que Morny et Saint-Arnaud laissent se développer la résistance et retiennent les troupes de Magnan : lorsque tous les rouges seront sortis de leurs tannières, alors, et alors

Le 3 décembre au soir, un arrêté du général Saint-Arnaud ministre de la Guerre, précise le sens du combat :

« Les ennemis de l'ordre et de la société ont engagé la lutte. Ce n'est pas contre le gouvernement, contre l'élu de la nation qu'ils combattent, mais ils veulent le pillage et la destruction.

Que les bons citoyens s'unissent au nom de la société et de la famille menacée.

Restez calmes, habitants de Paris. Pas de curieux inutiles dans les rues de Paris ; ils gênent les mouvements des braves soldats qui vous protègent de leurs baïonnettes. Pour moi, vous me trouverez toujours inébranlable dans la volonté de vous défendre et de maintenir l'ordre.

Vu la loi sur l'état de siège,

Le ministre de la Guerre arrête ;

Tout individu pris construisant ou défendant une barricade ou les armes à la main, sera fusillé. »

Appoigny nous dit quelle était l'atmosphère de la capitale le 3 décembre dans l'après-midi :

« J'ai parcouru tout Paris : vers les deux heures de l'après-midi, les rues avaient un assez mauvais aspect, on croisait d'affreuses et sinistres figures [3] et les cris étaient en faveur de la République. Dans les environs du café de Paris, s'étaient formés des groupes fort compacts qui discutaient très vivement... les aides de camp ou officiers d'ordonnance qui traversaient les boulevards au grand galop furent hués et reçus aux cris de « Vive la République ».

3. Cela signifie que les ouvriers sont descendus dans la rue.

seulement, on frappera, non pour gagner, mais pour anéantir.

Mais un événement imprévu va tout menacer, le 3 dans l'après-midi. Les auteurs du coup d'Etat s'attendaient et voulaient l'affrontement avec les rouges. Mais ils pensaient que toute la bourgeoisie se rallierait à eux et mènerait ce combat avec eux. Ce serait l'armée contre les faubourgs ouvriers.

Or voici que le 3 décembre, la bourgeoisie parisienne semble prendre parti contre Louis-Napoléon. La foule des boulevards, nous l'avons vu, invective les officiers et crie des slogans républicains. C'est en fin d'après-midi qu'un incident fort grave se produit. Ecoutons le récit du capitaine Mauduit : « Vers six heures et demie, le colonel de Rochefort du 1er Lan-

Un touriste anglais a vécu cette scène, de la fenêtre de son hôtel :

« J'en pus à peine croire le témoignage de mes oreilles, car mes yeux ne découvraient pas d'ennemis. Je continuais à regarder les hommes jusqu'au moment où la compagnie placée en dessous de moi se mit à élever les fusils. A l'instant même où je rejetais ma femme contre le trumeau placé entre les fenêtres, une balle frappa le plafond directement au-dessus de nos têtes. Je couchai ma femme sur le plancher, une seconde plus tard, une volée de coups de fusil fut dirigée contre la façade de la maison, le balcon, les croisées. Une balle brisa la glace de la cheminée, une autre le verre de la pendule ; toutes les vitres furent cassées, les rideaux et les chambranles furent déchirés, en un mot, la chambre fut criblée... Le bruit de la mousqueterie se fit entendre pendant plus d'un quart d'heure. Au bout de quelques minutes, les canons furent détachés et pointés sur le magasin de M. Sallandrauze, cinq maisons à notre droite. »

cier reçoit mission de maintenir la circulation sur les boulevards... Parvenu à hauteur de la rue de la Paix, il se trouve en présence d'un flot de population immense manifestant l'hostilité la plus marquée, sous le masque du cri "Vive la République"... les plus audacieux... se placent en avant du colonel et font entendre les cris insultants *(sic)* de "Vive l'Assemblée nationale", "à bas les traîtres". Reconnaissant à ce cri une provocation, le colonel de Rochefort s'élance comme un lion furieux au milieu du groupe d'où elle était partie, en frappant d'estoc et de taille[4]. Il resta sur le carreau plusieurs cadavres ».

Cet incident va mettre le feu aux poudres. Les soldats sont là depuis le matin, immobiles, assaillis par les cris sinon les injures des « pékins » qui s'amassent sur le boulevard. Soudain sans que l'on sache comment, les fusils partent. Le feu de salve couche les passants sur le trottoir, les balles crépitent contre les maisons. Un officier d'artillerie fait pointer une pièce et déclenche le tir sur le magasin d'un paisible marchand de tissus, M. Sallandrauze.

Bilan : la boutique du malheureux marchand est éventrée, les façades des maisons criblées de balles et sur le trottoir des dizaines de passants gisent, tués ou blessés.

Comment expliquer cette fusillade ? Un insurgé aurait tiré sur la troupe ? Aucun témoin n'a rien vu ni entendu de semblable et s'il y a une foule hostile, il n'y a sur les boulevards aucun insurgé. Manque de sang-froid des soldats qui attendent depuis des heures, tendus, énervés ? C'est l'explication habituelle donnée par les historiens. Cela expliquerait un feu de salve mais certainement pas une fusillade de plus d'un quart d'heure et encore moins les coups de canon ordonnés par un officier d'artillerie sur un objectif précis.

Alors ? Peut-être le résultat de l'opération en fournit-il l'explication. A dix-sept heures, le boulevard est couvert d'une foule hostile au coup d'Etat. La bourgeoisie parisienne manifeste pour la République. A quelques centaines de mètres, les Républicains dressent des barricades. Si le mouvement se développe, c'est tout Paris qui va, toutes causes con-

4. A noter qu'aucun de ces jeunes bourgeois n'était armé.

fondues, résister à Louis-Napoléon. En un quart d'heure, la fusillade du boulevard va renvoyer toute la bourgeoisie chez elle. La fusillade du boulevard n'est peut-être pas un hasard, un regrettable incident, mais un remarquable coup d'audace. Grâce à elle, et aussi à quelques dizaines de morts qui jonchent le pavé des beaux quartiers, le peuple sera bien tout seul pour mener la lutte qui va commencer.

LES TERREURS DE MAUPAS

Le quatre au matin, les républicains croient la partie gagnée. Et ils ne sont pas les seuls. Les barricades ont poussé toute la nuit au faubourg du Temple et au faubourg Saint-Antoine, les boulevards sont acquis, le quartier latin gronde. Il suffit de suivre la panique de Maupas dans cette matinée du 4 pour apprécier la situation : « Les nouvelles sont tout à fait graves. Les insurgés occupent les mairies, les boutiquiers leur livrent leurs armes. La mairie du VIe est occupée par les insurgés ; ils se fortifient sur ce point. Laisser grossir maintenant serait un acte de haute imprudence. Voilà le moment de frapper un coup décisif. Il faut le bruit et l'effet du canon et il en faut tout de suite. Ne laissons pas répandre le bruit qu'il y a de l'indécision dans le pouvoir, ce serait donner une force morale inutile à nos ennemis ». De Maupas.

Morny ne répond même pas. Pour lui, il faut encore laisser passer quelques heures. Alors Maupas relance, de plus en plus alarmé : « les barricades prennent de graves proportions dans le quartier Saint-Denis. Des maisons sont déjà occupées par l'émeute. On tire des fenêtres. Les barricades vont jusqu'aux 2e étage. Nous n'avons encore rien vu d'aussi sérieux ».

Quelques dizaines d'étudiants sont descendus du quartier latin et ont passé la Seine. Cette fois-ci, Maupas est livide, il supplie : « Barricades rue Dauphine — Je suis cerné — Prévenez le général Soubarel — Je suis sans forces — c'est à n'y rien comprendre ».

Le pauvre Maupas perd complètement son sang-froid, ses télégrammes à Morny en témoignent : « On dit que le douzième Dragon arrive de Saint-Germain avec le comte de Chambord [5] dans ses rangs comme simple soldat. J'y crois peu ». Morny, admirable de sang-froid, répond, laconique, toujours par télégramme : « Et moi, je n'y crois pas ».

Nouveau télégramme de Maupas : « Rassemblement sur le Pont Neuf. Coups de fusil quai Aux Fleurs. Masses compactes aux environs de la préfecture de police. On tire par une grille. Que faire ». Réponse de Morny : « Répondez en tirant par votre grille ». A noter que les masses compactes d'insurgés que Maupas voit dans le brouillard de décembre sont composées d'une huitaine d'étudiants environ !

Mais Maupas pleure : « Mon devoir exige qu'on me rende mes canons et mes bataillons. Est-ce le général Magnan qui refuse de me les rendre ? ». Pauvre Maupas ! Il faut dire qu'il y a une différence entre arrêter quelques braves républicains toulousains, lorsqu'on est entouré de gendarmes, truquer les enquêtes, falsifier les preuves et se trouver en première ligne face à des insurgés dont votre peur multiplie le nombre par mille ! Son manque de sang froid lui vaudra d'être bientôt mis sur la touche.

Mais revenons aux choses sérieuses. Toute la matinée du 4, les troupes sont restées immobiles, l'arme au pied. On a fait

5. Le petit-fils de Charles X, donc le prétendant légitime au trône de France.

manger les soldats, on les a fait boire. Ils sont en pleine forme. Les républicains attendent derrière les barricades construites la veille, et durant la nuit. Ils sont quelques centaines, deux mille peut-être qui tiennent le centre de Paris, de la Place de la Bastille à la rue Saint-Denis, de la Seine à Montmartre. La matinée est consacrée à l'action psychologique par deux arrêtés : le premier de Saint-Arnaud : « Le ministre de la Guerre arrête :

art. 1. : tout individu, quelle que soit sa qualité, qui sera trouvé dans une réunion, club ou association tendant à organiser une résistance quelconque au gouvernement ou à prolonger son action, sera considéré comme complice de l'insurrection ;

art. 2 : en conséquence, il sera immédiatement arrêté et livré aux conseils de guerre qui siègent en permanence ».

Et le second, du même style, de Maupas.

La partie peut commencer. Comme le note Appoigny, le jour même « le président a réduit les partis à deux, c'est l'ordre et la propriété, contre l'anarchie et le pillage... S'il gagne la partie, toute l'Europe lui devra une éternelle reconnaissance, car il nous aura tous défendus contre l'anarchie ».

Habitants de Paris

Comme nous, vous voulez l'ordre et la paix ; comme nous, vous êtes impatients d'en finir avec cette poignée de factieux qui lèvent depuis hier, le drapeau de l'insurrection.

Partout, notre courageuse armée les a culbutés et vaincus.

Le peuple reste sourd à leurs provocations.

Il est des mesures nécessaires à la sûreté publique

Nous, préfet de police, arrêtons :

Art. 1 : La circulation est interdite à toute voiture publique ou bourgeoise ;

Les stationnements des piétons sur la voie publique et la formation des groupes seront, sans sommation, dispersés par la force ;

Que les citoyens paisibles restent à leur logis.

Il y aurait péril sérieux à contrevenir aux dispositions arrêtées. »

de Maupas.

TOUT CE QUI RÉSISTE EST PASSÉ AU FIL DE L'ÉPÉE

Il est quatorze heures, quand enfin le général Magnan passe à l'attaque. Contre les républicains qui occupent les faubourgs du Temple, Saint-Denis et Saint-Antoine, il lance huit divisions. Soit environ trente mille soldats et une trentaine de canons. En face, les républicains sont accrochés derrière leurs barricades : cent hommes environ à la Porte Saint-Denis, deux cents à la grande barricade de la rue Saint-Denis, cent cinquante à celle de la rue du faubourg Saint-Martin, cent cinquante aux Arts et Métiers. Entre ces grandes barricades, une série de plus petites défendues par vingt ou trente hommes en général. Soit un peu plus d'un millier d'hommes contre trente mille soldats. Durant tout l'après-midi, ils vont se battre à un contre trente. Les députés ont d'ailleurs presque tous disparu pour ce dernier acte et l'immense majorité des barricades est composée d'ouvriers, « des vétérans de la guerre des barricades » note Belouino, historien bonapartiste, ou de tous jeunes gens.

Malgré l'énorme disproportion des forces, l'armée mettra huit heures pour s'emparer des faubourgs, chaque barricade étant l'objet d'une défense désespérée. Rue Philippaux, à côté de l'hôtel de ville, vingt jeunes ouvriers arrêtent pendant une heure, un régiment entier. La troupe ne passera que lorsqu'ils auront tous péri. A la grande barricade de la rue du faubourg Saint-Martin, défendue par un député, Carlos Forel, et un professeur, David, les cent cinquante républicains tiendront tête, deux heures durant, à toute la brigade du général Cotte, et à ses quatre canons. Même chose rue Rambutteau.

Patrouille dans les rues de Paris. Décembre 1851.

Les combats les plus durs ont lieu à l'ouest. Il faudra huit canons pour venir à bout de la barricade de la Porte Saint-Denis « l'intérieur en est rempli de cadavres de ceux qui s'étaient chargés de la défendre », constate Appoigny avec satisfaction. La poignée de survivants se replie sur la Porte Saint-Martin, la dernière barricade encore debout. La nuit est tombée. Ils sont là environ trois cents insurgés, dont la moitié a déjà combattu toute l'après-midi, rue Saint-Denis, et au faubourg du Temple. L'armée attaque sur trois fronts. Il n'y aura pratiquement aucun survivant.

Il est vingt et une heures, la partie est bien gagnée pour Morny. Seul Maupas continue de s'inquiéter : « Je suis rassuré pour le quart d'heure, l'ensemble de la rue Sant-Martin est écrasé ; mais je ne le suis pas pour la préfecture de police, sur laquelle se replient les insurgés après la défaite ».

Pourtant tout se résume, au Pont Neuf, par un étudiant tué et trois autres arrêtés parce qu'ils étaient porteurs de proclamations. Ils sont aussitôt « passés par les armes et lancés dans la rivière ».

Mais en dehors de Maupas, toutes les honnêtes gens savent que la victoire est à eux. « Je suis revenu au café de Paris, raconte Appoigny, j'y ai rencontré Nathaniel, et les fils James (de Rotschild). Ils m'ont appris que tout était fini au faubourg Saint-Antoine, et que les fonds avaient remonté de deux francs cinquante ».

Et pourtant, ces maudits rouges n'acceptent pas leur défaite. En pleine nuit, les rescapés de la journée reconstruisent une barricade rue Montorgueil. Le colonel du 51e de ligne, M. de Lourmel marche sur eux. De la barricade se détache un homme sans arme, Denis Dussolier, qui tente de haranguer les soldats. Il est abattu de deux balles dans la tête, la barricade est enlevée dans la foulée, et M. de Lourmel fait

Perquisitions à Paris. La recherche des armes.

une centaine de prisonniers. « Ils ont, note le capitaine de Manduit, pour la plupart, les mains encore noires de poudre. Comment ne pas appliquer à bon nombre d'entre eux, les terribles prescriptions de l'état de siège ? ». C'est-à-dire, en langage ordinaire, les fusiller sur-le-champ et sans autre forme de procès.

Les quartiers ouvriers sont occupés par l'armée et les barricades sont jonchées des cadavres des rouges. Comme le voulait Morny, il n'y a pas eu de quartier : « Tout ce qui résistait a été passé au fil de l'épée » constate Appoigny, avec un grand soupir de soulagement. On prévoit que la population acceptera la leçon « la boucherie finie, on acceptera le fait accompli et pour arrêter les rouges, on se rangera autour du nouveau gouvernement ». Et il n'a pas tort, les bons bourgeois parisiens ont eu peur, ils sont les plus acharnés à réclamer l'exécution sommaire des prisonniers. Ainsi, le capitaine Vincent rapporte « Nous avons passé plusieurs nuits dehors, mais nous n'étions pas malheureux. Tous les habitants vidaient leurs caves pour donner du vin aux soldats, faisaient la soupe et donnaient du bois pour nous chauffer toute la nuit. On criait de toute part : ne les ménagez pas, fusillez-les tout de suite ».

L'armée sera moins féroce, et elle va même, malgré les ordres reçus, faire quelques prisonniers. Ame sensible, le général Herbillon épargnait les mineurs : « Il faisait donner le fouet aux insurgés âgés de moins de vingt ans qu'on lui amenait, raconte Mayer, et les livrait aux sergents de ville ».

Dans une lettre publiée par « la Patrie » du 14 décembre, le caporal Vincent N. raconte : « A le deuxième barricade, nous avons trouvé trois cents insurgés. On aurait pu les passer à la baïonnette, mais comme le Français est toujours humain, nous ne l'avons pas fait. Il n'y a que ceux qui n'ont pas voulu se rendre qui ont été fusillés sur-le-champ ». Le général

L'évacuation des blessés.

Magnan est furieux et il note dans son rapport : « Les soldats, *malgré mes ordres*, ont fait des prisonniers ».

Le 4 à minuit, tout est fini dans la capitale. Les honnêtes gens respirent, Maupas cesse de trembler, Morny reste impassible, et le sphynx de l'Elysée semble même avoir l'ombre d'un sourire. Soixante mille soldats ont réussi à emporter une belle victoire sur un millier de républicains mal armés. La troupe a perdu un officier et vingt-sept soldats tués, cent quatre-vingt-un blessés dont dix-sept officiers, chiffres officiels.

Quant aux insurgés, on ignorera toujours le chiffre de leurs pertes.

On s'étonne de cette merveilleuse victoire. Comment ces horribles rouges ont-ils été si vite écrasés, et aux moindres frais ? C'est que le plan de Morny a admirablement réussi, et Appoigny tire son chapeau : « A l'Elysée, me disait-on hier, on était parfaitement décidé à brûler et à détruire les faubourgs s'ils avaient résisté en masse... On s'étonne (dans le « tout Paris ») de ce que les arrangements de tout genre, et les moyens de défense, et d'attaque aient été cette fois-ci, si admirablement combinés ; c'est que, cette fois, on ne s'est pas défendu, on a attaqué ».

La victoire est donc totale. Plus un rouge à Paris. L'assemblée est non seulement dissoute, mais coffrée. Les députés de la majorité qui s'ennuient à Vincennes commencent à se rallier. Les députés républicains se sont enfuis en Belgique. La bourse ne cesse de monter. Le coup d'Etat est définitivement réussi.

Voire...

La première barricade.

Des voleurs fusillés par les insurgés.

VI. *Les Jacqueries de la Province rouge*

« Proclamation du comité révolutionnaire social :
La propriété est une vertu des républicains
Tout voleur ou pillard sera fusillé,
Tout citoyen surpris ivre sera désarmé et mis en prison. »
(Clamecy-Nièvre)

Si une poignée d'hommes seulement s'est levée à Paris pour s'opposer au coup d'Etat, si, durement décimée les années précédentes, la population ouvrière de Lyon, ou de Rouen ne bouge pas, c'est de la France rurale que va venir le plus grave danger pour la bande des cinq qui s'est emparée de la République le 2 décembre.

Certes, il existe encore des ouvrages récents sur le coup d'Etat qui ne disent pas un mot de cette résistance de la province. Ainsi, A. Castelot réussit-il le tour de force d'écrire deux énormes volumes sur Napoléon III sans consacrer une seule ligne à la résistance populaire en dehors de Paris. Même silence chez Christophe. En 1951, P. Dominique se borne à signaler : « on pille les châteaux… on tue deux ou trois prêtres, on rançonne les riches ».

« D'HORRIBLES JACQUERIES »

Mais des contemporains, eux ont bien aperçu l'importance et la gravité de ces soulèvements de paysans. M. de la Gueronière, sénateur de Napoléon III, tremblait encore un an plus tard : « La Jacquerie venait de lever son drapeau. Des bandes d'assassins parcouraient les campagnes, marchaient sur les villes, tuaient, laissant partout l'horreur de crimes abominables qui nous reportaient aux plus mauvais jours de la barbarie. Ce

Le chant des paysans (Pierre Dupont)

Quand apparut la République
Dans les éclairs de février
Tenant en mains sa longue pique
La France fut comme un brasier ;
Dans nos vallons et sur nos cimes,
Verdit l'arbre de la liberté
Mais les quarante-cinq centimes
Un jour plus tard ont tout gâté
Oh ! Quand viendra la belle
Voilà des mille et des cent ans
Que Jean Guetré t'appelle
République des paysans.

n'était plus du fanatisme, c'était du cannibalisme ».

Même son de cloche chez Appoigny : « Il y a eu d'horribles jacqueries dans les villes de province, et dans quelques châteaux... on a eu de graves désordres à déplorer, des pillages, des viols, des assassinats... ».

Pourtant, durant des années, l'histoire affirmera soit que la

Violences imaginaires à Clamecy

« A Clamecy, une femme a été violée devant son mari, puis ses deux filles ont subi le même sort, et tous ont fini par être égorgés... les bandes socialistes, maîtresses de Clamecy se sont fait servir à dîner et ont contraint trente-huit des plus jolies et les plus jeunes femmes ou filles de la localité à les servir dans un complet état de nudité. Les malheureuses ont été violées sur la place publique. Les prêtres, liés à des poteaux, assistaient à ces saturnales. Les insurgés se relayaient pour violer, et chaque femme a été la proie de plusieurs bandits. A la fin, on cherchait ceux qui pouvaient justifier d'une maladie vénérienne pour qu'ils la communiquassent aux victimes de leurs brutalités. »

On dirait un film de Pasolini !

Texte de Viel-Castel, familier de la princesse Mathilde

La presse de l'époque, moins imaginative, cite trois viols à Clamecy, celui de la femme du sous-préfet, et des deux filles du receveur. La vérité oblige à dire que le sous-préfet était célibataire, et que les filles du receveur étaient tranquillement en pension chez les sœurs à Auxerre !

paysannerie toute acquise au bonapartisme n'a pas bougé (Karl Marx), soit que « des criminels, des malfaiteurs, des misérables » (P. de la Gorce) ont ravagé la France. Gérard Walter, dans son Histoire des paysans de France évoque toutes les révoltes paysannes, des Mérovingiens à de Gaulle, sans dire un seul mot des insurrections de 1851 !

La réalité est plus forte et plus nuancée. Il n'y a eu aucune jacquerie, aucun excès, mais des soulèvements pour défendre la république et s'opposer au coup d'Etat. Soulèvements dans certaines régions alors que d'autres ne bougeaient pas. Soulèvements sans aucun lien entre eux, sans mot d'ordre national, sans direction d'ensemble. Soulèvements des campagnes enfin et des petites villes, les grands centres urbains demeurant immobiles.

C'est Dansette qui résume le mieux cette résistance républicaine en province : « Des dizaines de milliers d'êtres frustres qui viennent d'accéder au suffrage universel, se révoltent contre les autorités sans se livrer à aucun pillage, sans commettre ni viol, ni vol... Aucun mot d'ordre national... En de nombreux points, on attend des nouvelles de la capitale, nulle part on n'en reçoit d'instructions... Il n'y a pas eu davantage de coordination entre les régions et elle est exceptionnelle entre les départements [1] ».

Autrement dit, non pas un soulèvement de la province, mais des dizaines de révoltes locales, aujourd'hui bien connues grâce aux travaux d'historiens comme Vigier pour la région alpine et la Haute-Provence ou d'Agulhon pour le Var.

D'une manière générale, le Nord, l'Ouest et l'Est (à

1. Il est à noter que Morny, du ministère de l'Intérieur, communique avec tous ses préfets par le télégraphe tandis que les républicains attendront des jours pour avoir des nouvelles, souvent fantaisistes.

l'exception de quelques cantons du Jura) ne bougent pas, ce qui n'empêche pas les autorités de procéder à l'arrestation de tous les militants républicains et de les condamner à l'exil ou à la déportation en Algérie. Les zones de résistance sont essentiellement au nombre de trois : le centre : Loiret, Yonne, Allier et surtout la Nièvre, le Midi, et notamment le Lot-et-Garonne, le Gers et l'Hérault. Le Sud-Est enfin où l'on assiste à des insurrections particulièrement sévères dans la Drôme, le Vaucluse, le Var pour culminer avec un mouvement exemplaire, celui des Basses-Alpes qui connaît une véritable révolution.

RÉSISTANCES SPORADIQUES

L'Ouest de l'Yonne et l'Est du Loiret connaissent une certaine agitation dès l'annonce du coup d'Etat. Quelques centaines de républicains défilent derrière des drapeaux rouges, certains s'arment, mais Orléans pas plus qu'Auxerre ne bougent et en deux jours la gendarmerie assistée de quelques détachements de soldats brise dans l'œuf ces velléités de résistance.

Dans l'Allier, les choses iront plus loin. C'est dans la petite ville de Donjon que l'insurrection éclate le 3 décembre à la nuit tombante. Le tocsin s'ébranle, le maire et le juge de paix arrêtés, les gendarmes désarmés. En pleine nuit, à trois heures du matin, trois cents républicains marchent sur la sous-préfecture de Lapalisse. Le sous-préfet rassemble à la hâte quelques gendarmes et des gardes nationaux « biens-pensants ». La rencontre des deux troupes a lieu au petit matin à l'entrée des faubourgs « A la baïonnette », hurle l'épicier Roquin qui commande les républicains. Les gardes nationaux s'enfuient et le sous-préfet est arrêté. Dans la ville les gendarmes se sont retranchés et la fusillade fera un mort et deux blessés. Les rouges sont maîtres de la ville toute la journée du 4 dans trop savoir que faire de leur victoire.

Ni vol, ni pillage, ni viol bien sûr, mais le 4 au soir, sans nouvelles, sans instructions, sans mot d'ordre, les républicains décident de regagner leurs bases. On libère le sous-préfet et on repart vers le Donjon, toujours en pleine nuit. Dès le 5 au matin, le sous-préfet qui vient de recevoir des renforts s'élance sur le Donjon où l'armée organise une véritable chasse à l'homme. Le général Eymard qui commande l'expédition en profite pour prendre un arrêté prononçant... la confiscation de tous les biens de tous les insurgés ! Le 5 au soir, la résistance de l'Allier est terminée.

Dans la Nièvre, et plus précisément à Clamecy les choses seront plus graves. Depuis des années, cette petite ville est le centre d'une agitation continuelle. Le parti républicain, dirigé par un imprimeur, Millelot, juge au Tribunal de commerce, et ses deux fils, un cafetier, Koeb et un négociant, Guerbet, est puissant, et peut compter sur une population ouvrière de « flotteurs » on ne peut plus décidée. La petite ville est vraiment partagée en deux : partisans de l'ordre et rouges, et ne vit que dans l'attente de l'affrontement. Le 3 décembre, à l'annonce du coup d'Etat, rien ne bouge. Le maire fait procéder à l'arrestation préventive de Guerbet qui se déroule sans incident. Toute la journée du 3 et celle du 4 on demeure dans l'attente des nouvelles de Paris. Le 4 au soir, une bande de paysans, plus ou moins armée arrive aux portes de Clamecy, mais les chefs républicains les renvoient chez eux.

Le 5, les événements vont se précipiter. Le préfet a quitté Nevers, à la tête de deux cents soldats et marche sur Clamecy. Le maire a organisé une milice bourgeoise qui monte la garde autour de l'hôtel de ville. Dans l'après-midi les républicains décident enfin l'insurrection armée et Millelot père s'élance dans la campagne pour faire sonner le tocsin et rassembler les paysans. A la nuit tombante, son fils, Eugène Millelot, soulève le faubourg, s'empare de la prison et délivre Guerbet. Une patrouille de gendarmes tente de reprendre la prison. Fusillade dans la nuit. Bilan : deux gendarmes tués et deux blessés. Un mort et cinq blessés dans les rangs des républicains. La guerre est commencée.

Le 6 au matin, les républicains s'emparent de la mairie non sans que la garde nationale ait résisté. Deux morts encore, un dans chaque camp. Un incident, mal éclairci, par le Conseil de Guerre a lieu alors : un avocat, Malon, plutôt favorable aux républicains est tué par un insurgé. Erreur ? Vengeance personnelle ? Haine des bourgeois ?

Durant ce temps, les paysans soulevés par Millelot père marchent sur Clamecy. Au passage ils attaquent la ferme d'un partisan notoire du parti de l'ordre. Celui-ci résiste. C'est un véritable siège qui s'achève par la mort du propriétaire de la ferme. La marche reprend sur Clamecy d'où le sous-préfet et le procureur parviennent à s'enfuir.

Le 6 au matin, il y a quatre mille insurgés en armes dans les rues de la petite ville. Le lieutenant de gendarmerie, assiégé, capitule et les gendarmes, après avoir déposé leurs armes, évacuent la caserne. C'est alors qu'un insurgé, par vengeance personnelle, cette fois, tire sur l'un des gendarmes désarmés. Celui-ci s'abat et est littéralement lynché par la foule. Son corps ne porte pas moins de dix-huit blessures. Après l'avocat Malon et le propriétaire de Pousseaux, c'est la troisième erreur grave des républicains. Deux conclusions peuvent en être tirées : l'exaspération à laquelle on en était arrivé d'une part mais aussi le fait que les chefs républicains n'avaient guère d'autorité sur leurs troupes de paysans et de flotteurs.

Les rouges sont désormais maîtres de la ville.

Mais que faire de cette victoire ? Les chefs discutent à la mairie. Eugène Millelot propose de passer à l'offensive et de marcher sur l'Yonne, rejoindre les bandes de paysans soulevés à Druyes et dans tout l'est de ce département, puis de s'emparer d'Auxerre. Mais tous les autres dirigeants républicains rejettent son plan, décident de rester à Clamecy et d'y attendre les événements.

Ceux-ci ne vont pas tarder à se précipiter. La troupe converge sur la ville depuis Nevers, Bourges, et Auxerre. Les républicains dressent des barricades mais envoient des parlementaires au préfet pour négocier leur reddition. Le préfet arrête les parlementaires, et les met en prison. Le 7 au soir, trois régiments de soldats sont parvenus à quelques kilomètres de la ville. Les républicains décident de se disperser et profitent de la nuit pour quitter Clamecy et s'égailler dans la campagne. Le 8 au matin, le préfet peut faire son entrée dans Clamecy « libérée » et Carlier, l'ancien préfet de police de Paris, nommé commissaire extraordinaire, organise la chasse à l'homme. Plusieurs centaines de soldats, la cavalerie, les gendarmes vont, cinq jours durant, traquer les insurgés dans les bois. Certains résistent, deux ou trois soldats sont blessés, et des dizaines de prisonniers républicains sont abattus sur place par l'armée sans autre forme de procès.

La résistance du centre a donc été très localisée et ne présentait pas de danger majeur pour le gouvernement. L'insurrection qui va faire flamber certains départements du Sud-Ouest et du Languedoc, du Gers à l'Hérault, est beaucoup plus grave car, en cas de succès, elle pouvait aboutir au soulèvement du quart de la France, de toute cette région qui constituera plus tard, la France « radicale ».

LA ROUTE BORDEAUX-MARSEILLE

Bordeaux, surveillé par Haussmann, ne verra que quelques manifestations vite dispersées. Manifestations également et plus importantes, à Bergerac, et à Périgueux. Montauban connaîtra le seul préfet qui refuse d'adhérer au coup d'Etat : M. Pardeilhan-Mezve télégraphie sa démission à Morny. A Cahors c'est le maire et tout le conseil municipal qui démissionnent. Rodez, Millau, Figeac connaissent des débuts d'insurrection.

Des insurgés fusillés sur place.

Les choses iront beaucoup plus loin dans le Lot-et-Garonne. Dès la nouvelle du coup d'Etat connue, le 3 décembre au soir, les républicains décident, selon un scénario que nous retrouverons dans tous les départements, de rassembler leurs militants dans les campagnes et les petites villes et de marcher sur la préfecture, qui elle, occupée par les autorités et la troupe, n'a pu se soulever. C'est de la petite ville de Nérac que part le mouvement, dirigé par un entrepreneur de travaux publics, Darnospil. Les insurgés, au nombre de quelques centaines amorcent leur marche sur Agen, mais, voyant que la préfecture est occupée par les troupes, Darnospil ordonne la retraite, puis la dispersion. A Villeneuve, les républicains s'emparent de la ville et mettent le sous-préfet en fuite, puis ils attendent les événements. A Marmande, à l'ouest du département, le conseil municipal tout entier délibère devant la foule et décide d'appliquer l'article 68 de la Constitution. C'est l'appel officiel à la résistance. Huit cents fusils sont distribués aux républicains. Un comité est élu pour diriger le mouvement, présidé par Vergnes, ancien député à la Constituante [2].

C'est un officier de carrière, le chef d'escadron Peyronni qui se voit confier le commandement militaire de l'insurrection. Personnage assez douteux que ce Peyronni, aux convictions républicaines quelque peu chancelantes : « en tant que militaire, affirmera-t-il lors de son procès, je hais le désordre et la canaille ». Le 5 et le 6 décembre, les insurgés restent à

2. Ce qui montre à quel point Morny et Saint-Arnaud avaient eu raison d'attendre la session parlementaire. Si le coup d'Etat avait eu lieu en septembre, partout les députés républicains eussent pris la tête du mouvement. En décembre, les insurgés cherchaient toujours à légitimer leur mouvement en plaçant à leur tête des anciens députés de 1848 ou des maires.

Marmande. Les poules de la sous-préfecture sont plumées et rôties : ce seront les seules victimes des républicains, et les maraudeurs sont immédiatement emprisonnés. Peyronni renvoie chez eux les paysans venus des villages alentours pour s'enrôler et refuse de marcher sur Agen, rejoindre les républicains de Nerac. Le samedi 7, Marmande apprend qu'une colonne de militaires est partie de Bordeaux pour les attaquer : un bataillon d'infanterie, un escadron de cavalerie, et deux canons. C'est que, pour Morny, l'insurrection de Marmande est grave : c'est la route Bordeaux-Toulouse coupée et un pôle d'attraction possible pour les insurgés du Gers et tous les petits mouvements du Sud du Massif Central. Il suffit d'une étincelle pour que tout le long de la Garonne s'enflamme : Toulouse, Bordeaux aux mains des Républicains. Ce ne serait plus alors un coup d'Etat, mais une véritable guerre civile.

A Marmande, les insurgés obligent Peyronni à marcher au devant de la troupe. Les membres du comité républicain prennent un fusil et se placent en tête de la colonne qui s'ébranle en chantant la Marseillaise. Afin d'éviter l'armée, Peyronni décide de ne pas prendre la grande route. Mais les militaires ont eu la même idée. La vallée de la Garonne est, comme souvent à cette époque, complètement recouverte par le brouillard. Les deux colonnes buttent l'une dans l'autre par hasard. C'est la fusillade. On lâche son coup sans rien y voir. Une dizaine de soldats sont blessés, le double chez les républicains. Puis, chacun reprend sa marche.

La troupe entre à Marmande, tandis que Peyronni entraîne les républicains à Castelnau où il donne l'ordre de dispersion, le 8 décembre au soir.

Morny peut respirer, l'axe Bordeaux-Toulouse est sauvé.

Les événements du Lot-et-Garonne étaient d'autant plus

graves que le département voisin du Gers s'est également soulevé. Mais — et l'on retrouvera cette situation partout — aucun contact, aucune liaison n'ont existé entre les deux insurrections. Les républicains n'ont pas prévu le coup d'Etat, et contrairement aux craintes du parti de l'ordre, ils n'avaient jamais songé à une quelconque insurrection. Lorsque le 2 décembre arrive, la résistance sera purement spontanée, sans aucun plan d'ensemble, et surtout se limitera au strict plan départemental sans même que les républicains songent à aller voir ce qui se passe dans le département voisin. Morny, lui, dispose non seulement des fonctionnaires, de la gendarmerie, de la troupe, mais surtout du télégraphe qui sera son arme principale pour lutter contre les différents foyers d'incendie.

Et le brasier du Gers a été important. C'est autour du journal républicain d'Auch, « L'Ami du peuple » que la résistance au coup d'Etat va s'organiser. Le 3 au soir, une réunion a lieu : les républicains modérés penchent pour une « protestation solennelle », les montagnards pour l'insurrection. Celle-ci l'emporte et les modérés rentrent chez eux. Le 4 au matin, l'Ami du peuple paraît avec un appel aux armes. Le procureur de la République, M. Saint-Luc Courbarieux, véritable chef du parti de l'ordre, masse trois escadrons de cavalerie sur la place de l'hôtel de ville et, avec le dernier escadron du sixième hussard, il marche sur les locaux de l'Ami du peuple. Les rues sont occupées par une foule qui ne cache pas ses sentiments « Vive la République — A bas les hussards ». Ceux-ci bousculés, recevant un certain nombre de projectiles divers et pas toujours odorants, ont bien du mal à se dégager et à regagner la place de l'hôtel de ville. Dans la nuit qui tombe, arrive le nouveau préfet désigné par Morny, mais également une foule de paysans en armes. La campagne entière répondait à l'appel aux armes lancé par Gastineau, le rédacteur en chef de l'Ami du peuple. Trois mille paysans armés de fusils de chasse, de fourches, de faux montées à l'envers. Pour la troupe, la situation est critique. Heureusement les insurgés n'ont pas de chefs. Ou ceux-ci, un médecin, le Dr Prieur, un avocat, Canteloup, sont plus soucieux de négocier que d'affronter les hussards. On se réunit à l'hôtel de ville, et l'on conclut un armistice : les hussards restent en ville, les républicains insurgés iront bivouaquer aux portes. Pour le reste, on verra demain.

Cependant, le procureur de la République et le colonel des hussards sont bien décidés à ne pas respecter l'armistice qu'ils viennent de conclure. La parole donnée à des bandits, à des rouges a-t-elle une valeur ? Tandis que les républicains allument de grands feux aux portes d'Auch et se mettent à cuire la soupe, le colonel rassemble son régiment et sonne la charge. Les républicains, surpris, désarmés, sans chefs, ne cèdent pas à la panique. Le combat s'engage dans la nuit, à la lueur des feux du bivouac. Le colonel des hussards, un chef d'escadron et vingt-deux hommes seront blessés mais, après une heure de combat, les insurgés s'enfuient et se dispersent. La troupe reste maître du terrain et le procureur fait aussitôt arrêter tous les chefs républicains à commencer par ceux qui, comme le Dr Prieur, avaient signé l'armistice et ne voulaient pas d'insurrection.

Mais tout le département est soulevé et pas seulement la préfecture. Dès le 3 au soir, les républicains se sont emparés de Mirande où ils ont arrêté le sous-préfet et le procureur de la République. Cinq mille insurgés occupent la ville, mais, une fois de plus, sans chef, sans plan, sans décision. Durant deux jours, l'on va tourner en rond sans rien décider. Le 7, l'armée marche sur Mirande de Toulouse et de Tarbes. Les chefs républicains font dresser des barricades dans les rues de la ville, puis vont noblement se constituer prisonniers. Le scénario est à peu près identique dans toutes les villes du département, à Condom, Fleurance, Lectoure.

Le 8 au matin, le mouvement est étouffé. Le département est mis en état de siège et le journal de l'ordre peut écrire, bien qu'on n'ait relevé aucun acte de pillage, aucune brutalité : « c'est le fanatisme du pillage et de la rapine qui domine tous ces cœurs dépravés. La religion seule pourra relever l'humanité de cet état de dégradation ».

Si à l'ouest de cette région, Morny n'a pas eu grand mal, il n'en va pas de même à l'est. Le département de l'Hérault va, lui, connaître des jours sombres et le soulèvement des républicains, sans revêtir l'ampleur des départements provencaux, sera l'un des plus sanglants.

A Béziers, les sociétés secrètes de Montagnards sont puissantes. Ce sont elles qui, dans la nuit du 3 décembre, vont décider l'insurrection tandis que les autorités dorment paisiblement. Le 4, le jour se lève, trois mille républicains en armes occupent Béziers, et sur les murs fleurit la proclamation fraîchement tirée :

« Le président de la République ayant violé la Constitution, le peuple rentre dans ses droits. En conséquence, vos fonctions doivent cesser[3]. En qualité de délégués du peuple, nous venons vous remplacer.

Délibéré en place publique, le 4 décembre 1851

Le peuple. »

Les républicains s'ébranlent et marchent sur la sous-préfecture que garde une compagnie d'infanterie et quelques gendarmes. « Vive la ligne — Vivent nos frères » crient les

3. Cette proclamation est adressée au sous-préfet.

insurgés. Les soldats hésitent et reculent. Ils vons bientôt être débordés. Le capitaine Leborgne n'hésite pas et commande le feu à bout portant.

Ce n'est pas encore le temps du dix-septième de ligne [4]. Les soldats obéissent et tirent. A cette distance, la décharge est meurtrière. Plus de soixante-dix républicains tombent, morts ou blessés, et les autres s'enfuient. Fous de rage, quelques excités abattent devant le tribunal un avocat et le greffier qui sont pourtant républicains.

La fusillade ordonnée par le capitaine Leborgne a mis fin à l'insurrection de Béziers. On ramasse les morts, on arrête les survivants. Mais le reste du département s'enflamme à son tour. Pezenas, Bédarieux tombent aux mains des républicains qui, selon le scénario habituel, tournent en rond sans trop savoir que faire de leur succès local. A Bédarieux toutefois, les événements vont prendre une tournure tragique. Affolé, le maréchal des logis qui commande la gendarmerie, tire sur la foule et tue un passant, puis un vieillard. Exaspérés, les insurgés assiègent la gendarmerie et y mettent le feu. On laisse sortir les femmes et les enfants, mais lorsque les gendarmes chassés par les flammes et la fumée paraissent à leur tour, ils sont massacrés. Le 10, le général Rostolan fait son entrée dans Bédarieux. Les républicains ont pris le maquis dans les Cévennes où la chasse à l'homme sera longue et difficile.

4. Quelques dizaines d'années plus tard, les soldats du 17e de ligne refuseront de tirer sur des viticulteurs manifestants et mettront la crosse en l'air.

L'INCENDIE PROVENÇAL

Pour graves qu'aient été ces mouvements du Centre de la France, du Sud-Ouest ou de l'Hérault, il ne s'est jamais agi que de mouvements assez sporadiques, strictement locaux, inorganisés. Des révoltes. Beaucoup plus dangereux pour les hommes du coup d'Etat est l'incendie qui va embraser toute la Provence. Il ne s'agit plus cette fois de révolte, mais d'une véritable insurrection. Par bonheur pour Louis-Napoléon et Morny, c'est une fois de plus département par département que les foyers vont s'allumer, sans communication entre eux. A croire que les frontières tracées sur la carte constituent de véritables coupe-feux isolant de manière absolue chaque département. Le Vaucluse et le Gard ne donneront que de courtes inquiétudes aux autorités. Certes, les républicains s'emparent d'Apt et d'Uzès, mais ce mouvement ne parviendra jamais à soulever tout le département, et l'armée n'aura pas grand mal à disperser les insurgés.

Il en va tout autrement dans la Drôme qui va vivre cinq journées aussi dures que confuses. Bien que démantelées depuis l'arrestation de Gent, et le procès de Lyon, les sociétés secrètes républicaines demeurent très puissantes dans la Drôme. La résistance des républicains au coup d'Etat va donc être farouche, mais totalement inorganisée, elle va se présenter sous forme de vagues successives qui vont déferler sur la petite ville de Crest.

Dès la nuit du 3 au 4, les républicains s'emparent de la caserne de gendarmerie et font prisonniers les gendarmes. Le parti de l'ordre n'abandonne pas la ville aux rouges, et le maire organise de son côté une milice bourgeoise armée tandis que le général Lapene envoie de Valence, en marche forcée, un détachement du deuxième régiment d'artillerie. L'atmosphère est explosive dans la petite ville où le maire fait fermer les cafés. Une compagnie du trente-deuxième de ligne part de Romans pour occuper la ville de Die et, au passage renforcer la garnison de Crest. De son côté, la campagne dirige sur la ville une colonne de trois cents hommes en armes. Un premier affrontement a lieu à Saillant, sur les bords de la Drôme faisant une cinquantaine de morts et de blessés chez les républicains, deux sous-officiers tués pour la troupe.

Le 6 au soir, chacun campe sur ses positions : l'armée occupe Crest et les rouges le plateau qui domine la ville. Le 7 au matin, une nouvelle colonne de paysans, sept cents hommes cette fois, vient renforcer l'armée républicaine dont le général Lapene reconnaît qu'elle est parfaitement organisée et disciplinée. Nouvel affrontement entre les deux camps, sans résultat : deux rouges tués, deux sous-officiers tués et chacun regagne ses positions. Mais de nouveaux renforts arrivent. Des soldats et deux canons d'une part, une nouvelle colonne de mille cinq cents insurgés venus du Sud du département. C'est le 8 décembre qu'aura lieu la vraie bataille de Crest. L'armée attaque la première, et s'empare du plateau et de la « tour » qui sert de base aux républicains. C'est alors qu'arrivent les mille cinq cents insurgés du renfort qui vont attaquer la ville par le bas cette fois. L'armée doit se replier jusqu'au pont sur la Drôme, où elle se retranche avec trois canons. L'assaut sera terrible. Les canons tirent à la mitraille, mais n'empêchent pas deux cents républicains de traverser la barricade. Ils vont pouvoir prendre les canons à revers. C'est alors que le commandant qui dirige la troupe fait charger sa cavalerie. Les républicains repoussés, abandonneront Crest avec de nombreux morts et blessés. Les rescapés de Crest s'emparent alors de Loriol, dans le Sud du département, mais le cœur n'y est plus, et le 9, ils se dispersent. Crest aura été la première bataille rangée que l'armée aura dû livrer aux républicains.

A l'autre extrémité de la Provence, l'insurrection du Var est encore plus grave. C'est d'ailleurs la mieux connue, grâce aux souvenirs écrits par l'un de ceux qui l'ont vécue, et surtout grâce à la description — aussi peu historique que défavorable — qu'en a donné Zola dans la Conquête de Plassan.

Le Var, en 1851, ne ressemble en rien à celui que nous connaissons aujourd'hui. La zone côtière, peu peuplée est assez sauvage, avec ça et là, de petits ports de pêche tels Sanary ou Saint-Tropez. Toulon est naturellement la grande ville, mais isolée du reste du département. En dehors pourrait-on dire. L'est et le nord du département sont des zones de montagnes pauvres et isolées. La partie vivante du département, c'est la plaine qui s'étend autour de Brignoles et du Luc.

Si Toulon, occupée par l'armée ne bouge pas, une première explosion populaire a lieu le 4 à Cuers, à quelques kilomètres du Nord. Les gendarmes sont fait prisonniers et le brigadier Lambert est assassiné. Aussitôt le nouveau préfet du Var, M. Pastoureau quitte Toulon avec le cinquantième de ligne, commandé par le colonel Travers, et s'empare de Cuers où l'insurrection n'aura vécu qu'un jour.

Mais c'est plus haut que les événements sont graves. Certes, à Draguignan, la préfecture, les républicains, divisés, se bornent à quelques manifestations de rues, le principal chef républicain, un avocat, étant hostile à l'insurrection. Mais tout le reste du département s'enflamme. Dès le 3 décembre, la Garde-Freinet dans les Maures, qui a une importante population ouvrière, le Luc, Vidauban, sont en insurrection. Partout, les maires sont arrêtés, les gendarmes désarmés. Poussé par une sorte de mistral révolutionnaire, l'incendie s'étend le

4, de village en village : Pignan, Gonfaron, Flassan, Besse, le Cannet, rejoignent le mouvement.

La ville importante — en dehors de Draguignan —, c'est Brignoles. Mais Brignoles hésite. Cependant, le 4 au soir, les insurgés sont maîtres de tout le pays, depuis la frontière jusqu'à la Sainte-Baume. Ils contrôlent la grande route, isolent Draguignan d'un côté, et Toulon de l'autre. Ils peuvent donner la main aux insurgés des Basses-Alpes, puis à ceux de la Drôme, ou au contraire, descendre sur Marseille par Aubagne. Il suffit semble-t-il de quelques chefs ayant le sens de l'organisation et l'esprit de décision.

Car pour l'instant, s'il y a autant de groupes d'insurgés que de villages, il n'y a ni ordre, ni chef. Celui-ci va surgir le 4 en fin de soirée à Brignoles. Les républicains sont rassemblés au café du Commerce et discutent, lorsque deux hommes pénètrent dans la salle enfumée. L'un est revêtu d'un costume de spahi qui lui donne fière allure. Il sert d'aide de camp au second : Camille Duteil, journaliste au « Peuple » de Marseille, le grand journal rouge de la Provence. Il a fière allure cet étranger (il est né à Libourne dans la Gironde) de cinquante-deux ans, avec ses deux pistolets dans sa ceinture rouge. Et il se présente comme délégué par le comité républicain de Marseille, pour soulever le Var. Enfin on a un chef, des ordres. L'enthousiasme des républicains atteint son comble. Dès le lendemain matin, on s'empare de la mairie de Brignoles.

Le 6 décembre, tous les villages insurgés marchent sur Vidauban qui est fixé comme point de ralliement. Par milliers, les paysans de Barjols, de Carces, de Tourves, de Gonfaron, les artisans du Luc, et de Brignoles, les bouchonniers des Maures atteignent le gros bourg viticole. Le 6 au soir, « l'Armée démocratique du Var » est rassemblée. On élit les chefs : Antoine Campdares, vingt-sept ans, chirurgien de la marine qui a soulevé Saint-Tropez, Pierre Arambide, un ouvrier toulonais, militant républicain de vieille date, Friolet un ancien garde forestier révoqué, Paulin David cordonnier, Firmin Amalric, bouchonnier de la Garde-Freneit, le Dr Martel, et le « général » Duteil qui passe les troupes républicaines en revue. Plus ou moins mal armés de fusils de chasse, de pieux, de haches et de faux, celles-ci sont organisées par village et l'enthousiasme n'empêche pas la discipline.

Duteil décide de marcher sur Draguignan pour s'emparer de la préfecture. Le 7 au matin, l'armée démocratique s'ébranle, emmenant avec elle, quatre-vingt-trois ôtages, des notables faits prisonniers dans chaque village, qu'elle traînera durant toutes ses pérégrinations sans qu'aucun d'entre eux ait jamais été molesté. Mais arrivé aux Arcs, à quelques kilomètres de Draguignan, Duteil change soudain d'avis et décide d'abandonner la prise de Draguignan pour rejoindre les insurgés des Basses-Alpes. Idée qui en soi, est loin d'être mauvaise : quatre mille insurgés du Var, plus dix mille basalpins, cela formerait une véritable armée républicaine. La colonne Duteil oblique donc vers le nord-ouest, s'empare de Lorgues, et fait une entrée triomphale à Salernes.

Mais l'armée s'est lancée à la poursuite des républicains. Après avoir repris Cuers, le Colonel Travers arrive à Draguignan le 8 au matin. L'ancien préfet, retranché dans sa préfecture avec sept cents soldats et les membres de la milice de l'ordre, accueille son libérateur. Aussitôt Trouvers dont la troupe a grossi les soldats de Draguignan, reprend la poursuite, à la tête de onze compagnies d'infanterie et quarante cavaliers.

En chemin, Trouvers recueille des traînards de l'armée rouge, et les passe par les armes sans autre forme de procès, pour l'exemple.

Durant ce temps, l'armée républicaine perd une journée entière à Salernes, où l'on commence à se méfier de Duteil et de ses indécisions. Un état-major est élu pour « l'assister » et l'on envoie Arambide avec un détachement occuper Tourtours, petit village perché qui contrôle la route, tandis que les insurgés reprennent leur marche sur Aups où ils arrivent le 9. Ils ne sont plus désormais qu'à une étape des Basses-Alpes : il suffit de franchir le Verdon et de traverser le plateau de Valensole. Mais curieusement, Duteil n'a pas un instant songé à adresser le moindre message aux bas-alpins pour les prévenir de ses intentions et de son arrivée.

Le 10 au matin, l'armée atteint Tourtour où Arambide n'a pas songé à placer de sentinelles. Attaqués à l'improviste, les républicains sont pris de panique et s'enfuient, tandis qu'à Aups, le gros de l'armée démocratique se croit protégé par cette arrière-garde. Tellement tranquille que Duteil n'a, lui non plus, placé aucune sentinelle et occupe tout le début de la matinée à passer les insurgés en revue, suivi de son spahi. Il aime décidément les revues, ce journaliste !

Il est onze heures lorsque Travers arrive à Aups, sans que personne ait donné l'alarme. Il peut prendre ses dispositions en toute tranquillité pour attaquer, sur trois fronts, le village. Et soudain, c'est l'assaut. L'armée tire sur les républicains, dont la surprise est totale. Les balles sifflent et tuent deux otages. Les hommes de la Garde Freinet et du Luc résistent héroïquement et tiennent bon, mais Duteil saute sur un cheval et s'enfuit en criant « sauve qui peut ». Il ne s'arrêtera qu'une fois parvenu au Piémont. A Aups, la panique se met dans les rangs des insurgés. Une cinquantaine de cadavres jonche les rues de la petite ville. C'est la débandade. La chasse à l'homme peut commencer. La formidable insurrection du Var s'achève lamentablement. La répression sera, elle, à la hauteur de la peur qu'avait eu le parti de l'ordre en voyant défiler l'armée démocratique, avec son général Duteil sur son grand cheval blanc flanqué de son spahi et d'une belle jeune femme, l'épouse du Dr Martel, toute de rouge vêtue.

HAUTE-PROVENCE ; CE N'EST PAS UNE JACQUERIE C'EST UNE RÉVOLUTION

Toute autre est l'insurrection des Basses-Alpes. Il ne s'agit plus là d'une simple révolte, ni même d'une insurrection désordonnée, mais d'une véritable révolution armée.

Nous avons vu que ce département était, depuis deux ou trois années, gagné aux idées républicaines, et plus précisément, à un certain socialisme. Région essentiellement rurale avec quelques « villes » ne dépassant qu'à peine les trois mille habitants, les Basses-Alpes sont encore très isolées en 1851 : les routes mauvaises, la circulation difficile. Les grandes villes : Aix, Avignon, Marseille sont loin. Le département est pauvre et a ressenti durement la crise agricole. L'arboriculture n'est pas alors d'un gros rapport : les fruits ne voyagent pas, à l'exception des amandes et des olives. L'essentiel de la production ce sont les céréales et la sériculture, mais le ver à soie est bien malade depuis quelques années. Pas de grandes exploitations, impossibles dans ce pays de collines où l'eau est capricieuse et la terre du plateau dure à travailler. Le travail accompli depuis 1849 par Langomazino et Ailhaud de Volx a porté ses fruits et les idées « rouges » se sont répandues comme un incendie de forêt, depuis qu'Ailhaud a prononcé, à Manosque, son fameux toast : « A l'abolition de l'exploitation de l'homme par l'homme ». Le parti de l'ordre crève littéralement de peur depuis deux ans, d'autant que son chef Fortoul, est à Paris où le coup d'Etat vient d'en faire un ministre de l'Instruction publique. Les, nous dirions aujourd'hui « leaders » du parti de l'ordre sont le procureur de la République de Digne, Prestat, et le sous-préfet de Forcalquier Paillard. Certes, le député « rouge » du département, le Dr Yvon, est lui aussi à Paris où on l'a vu au comité de résistance républicaine, aux côtés de Victor-Hugo, mais son absence sera beaucoup moins grave que dans les autres départements, Var, Drôme, Hérault, etc., car le véritable meneur des rouges dans les Basses-Alpes, ce n'est pas le député, mais l'ancien garde général des eaux et forêts, Ailhaud de Volx, qui depuis qu'il a été révoqué en 1849, parcourt inlassablement le département de chambrée en village, de café en bergerie, pour y recruter des militants et organiser les sociétés secrètes de la Montagne. « Plantarem farigoulas, la moutana flourira »[5], le mot de passe des rouges s'est accroché comme le thym sur toutes les collines du Lubéron à la Montagne de Lure, du Verdon à l'Ubaye.

La nouvelle du coup d'état ne parvient dans les Basses-Alpes que le 4 décembre. C'est jour de foire à Mane, un gros bourg situé à quelques kilomètre de Forcalquier. Tous les principaux chefs républicains se réunissent chez le Dr Rouit, le médecin de Mane et les décisions sont aussitôt prises : soulèvement du département. Mais ce soulèvement — et l'exemple est unique — va être organisé. Une colonne partira de Manosque et marchera sur Forcalquier. Une deuxième colonne viendra de Riez, une troisième de Sisteron. Rendez-vous de ces trois troupes à Malijaï, sur les bords de la Durance

5. « Plantons le thym, la montagne fleurira. »

d'où l'on marchera sur Digne. Des messages sont aussitôt envoyés aux quatre coins du département pour porter ces mots d'ordre et ces instructions. Contrairement à ce qui s'est passé dans les autres départements, pas une heure n'a été perdue en discussions sur l'opportunité d'un soulèvement, pas de palabres et un plan d'ensemble a été aussitôt déclenché, sans doute prévu de longue date.

A Forcalquier, le sous-préfet Paillard a été informé par un espion de la réunion de Mane. Avec quelques soldats et une poignée de gendarmes, il va tenter dans la nuit du 4 au 5 un coup de filet sur la maison du Dr Rouit pour arrêter les chefs républicains. Ceux-ci sont partis depuis longtemps et l'expédition échoue. Le 5 décembre au matin, le plan mis au point la veille s'exécute.

Il fait encore nuit lorsque près de mille hommes quittent Manosque, dirigés par le liquoriste Buisson, le maire de la ville, élu, révoqué, réélu, condamné, réélu. Quelques ouvriers, beaucoup d'artisans et surtout des paysans. On marche vite dans le petit matin froid, vers les neiges qui couronnent Lure, là-bas, au Nord. A chaque village traversé, Volx, Dauphin, Saint-Maime, Mane, de nouveaux contingents viennent se joindre à la troupe de Buisson.

Vers midi, l'avant-garde des républicains pénètre dans Forcalquier, dirigée par un homme à cheval, Escoffier, un artisan horloger, le meneur des républicains de l'ancienne capitale de la Haute-Provence. La troupe parvient devant la sous-préfecture dans laquelle Paillard s'est retranché avec une poignée de gendarmes et quelques volontaires du parti de l'ordre. « Montagnards, halte, commande Escoffier ».

Les rouges couvrent la place. Pour Paillard, la résistance est impossible. Non sans panache, le jeune sous-préfet a revêtu son uniforme et paraît au balcon de la sous-préfecture pour haranguer la foule : « Citoyens, ces hommes vous trompent. Le président n'a pas violé la Constitution et il maintient la République. Bien au contraire il rétablit le suffrage universel et fait appel au peuple ». Si l'attitude du sous-préfet est pleine de panache, son discours n'est pas à la hauteur de son courage. Ce n'est pas pour discuter de droit constitutionnel que les paysans se sont armés !

Et puis Paillard représente l'autorité, les notables, tout ce qui est haï. Les fusils se lèvent et le couchent en joue au milieu des cris et des injures. Le sous-préfet ne bouge pas il ouvre sa redingote et frappe sa poitrine :

— Tirez, si vous l'osez.

Il y a un instant de flottement. La foule des insurgés ne peut s'empêcher d'admirer cet homme seul qui les défie. Ailhaud, Buisson, Escoffier, en profitent pour s'interposer, faire baisser les armes. Et les insurgés obéissent en grondant. Alors, l'on pénètre dans la sous-préfecture. Les gendarmes sont désarmés et Ailhaud donne l'ordre de les conduire avec Paillard à la prison de la ville.

C'est compter sans les années de misère et de haine. La foule de la vieille ville a envahi la place et lance à son tour des cris de mort. Puisqu'on le tient celui-là, ne va-t-on pas lui régler son compte ? A-t-il hésité lui ? N'est-il pas responsable de tout ? les amendes, les saisies, les expulsions, les impôts, les arrestations ? Et Langomazino qui a été déporté : « C'est à ton tour d'aller à Nouka-Hiva, lance une voix ».

La foule presse l'escorte de rouges qui conduisent les prisonniers. Mais les hommes désignés par Ailhaud ne faiblissent pas. Une mêlée brève et confuse se produit. Un militant républicain, Escarlin, reçoit un coup de sabre en tentant de défendre le sous-préfet. Celui-ci a son tour est blessé de trois coups de sabre. Il va être lynché. Ailhaud et Escoffier sont de nouveau là et pour sauver le prisonnier, ils promettent de l'enchaîner et de le conduire à Digne où il sera aussitôt jugé. La foule s'écarte. Paillard est sauvé.

Les blessures du sous-préfet sont douloureuses mais sans gravité. Il est poussé et entraîné avec l'armée rouge qui s'ébranle vers Malijaï. Quelques kilomètres effroyables pour cet homme blessé et habillé de son seul uniforme d'apparat sous la neige et dans le froid glacial. A la première halte, Ailhaud le laissera derrière lui et facilitera son évasion [6].

Avant de repartir, les chefs républicains rédigent une proclamation qui aussitôt tirée sera affichée dans tout le département.

Puis la colonne de Buisson et d'Escoffier, grossie des républicains de Forcalquier, de Banon, de Saint-Etienne-les-Orgues oblique vers l'est, et reprend sa marche vers la Durance sur les routes verglacées. On double le pas pour se réchauffer, on chante, on abat les kilomètres. La nuit est déjà tombée depuis longtemps lorsque la colonne parvient au bord de la Durance, à Malijaï. Les hommes venus de Riez et de Valensole dirigés par Jourdan et P. E. Ailhaud (un homonyme), sont déjà là et ont allumé des grands feux autour desquels on va bivouaquer, alors que le thermomètre atteint moins dix degrés. Tout le sud du département est acquis à l'insurrection.

Le 6 au matin, l'insurrection éclate à Sisteron qui grondait depuis la veille. Devant la foule, les autorités prennent peur. Le sous-préfet et les soldats s'enferment dans la citadelle qui domine la ville. Le maire démissionne et est aussitôt remplacé

6. C'est Paillard lui-même qui le reconnaît lors du procès Ailhaud, devant le Conseil de guerre de Marseille.

Proclamation du comité républicain

« Le pacte fondamental vient d'être brutalement déchiré par celui qui avait juré de le respecter. Napoléon Bonaparte traître et parjure, voulait assouvir son ambition effrenée, mais le peuple, partout debout, déjoue sa criminelle atteinte et répond majestueusement à son attentat. Il se rappelle que la République et la Constitution ont été confiées à son patriotisme.

Citoyens, quand le peuple se lève, ce n'est pas la Jacquerie qui s'organise, c'est l'ordre et la liberté qui reparaissent, c'est le juge qui appelle les traîtres à ses assises souveraines, le maître qui reprend sa place.

Quant à vous, citoyens des Basses-Alpes, qui, tous avez abandonné vos foyers sans un regret, sans une hésitation, au seul nom de devoir et de liberté, vous avez bien mérité de la patrie. Elle le proclame, elle payera sa dette, nous nous en portons fort au nom de la République. »

par un conseil municipal révolutionnaire présidé par un ouvrier mécanicien, Fereveau. Celui-ci laisse un contingent pour garder la ville et se met à la tête du gros de ses troupes pour rejoindre l'armée « rouge » à Malijaï.

A Digne, la préfecture, le préfet Dunoyer et le procureur de la République Prestat, peuvent compter sur une garnison de trois cents hommes de troupe commandés par le major Chevallier. Ils décident, le 6, en début de matinée, de prendre l'initiative et font arrêter l'avocat Charles Coste, et cinq autres des principaux meneurs républicains de la ville. Aussitôt, les rues s'emplissent de manifestants qui réclament leur libération et la tête de Prestat, le procureur détesté. La Garde nationale, loin de repousser les manifestants, passe de leur côté aux cris de « Vive la Rouge ! vive la Sociale ! ». Les pierres pleuvent sur la préfecture, les vitres volent en éclats. A l'intérieur, l'on discute ferme sur le parti à prendre : s'enfermer dans la citadelle, imprenable, avec les soldats et attendre les événements, ou profiter de la nuit pour s'enfuir vers le Nord, les Hautes-Alpes, seule route qui ne soit pas encore aux mains des insurgés. C'est ce dernier parti que choisit le préfet Dunoyer. Il fait relâcher les républicains arrêtés le matin pour apaiser la foule et dès la nuit tombée, s'enfuit vers Gap, tandis que le major Chevallier s'enferme dans la citadelle.

La préfecture des Basses-Alpes est aux mains des rouges.

« On parlait d'arrêter les prêtres, de dépouiller les églises, de partager entre les insurgés les jeunes femmes et les jeunes filles », écrira plus tard le journal de l'ordre « La Patrie ». Qui en parlait ? On ne sait, car dans cette nuit de victoire il n'y aura personne de molesté, aucun vol et aucun viol. Les jeunes filles du parti de l'ordre en seront pour leur frayeur.

Durant cette journée, à Malijaï où tous les insurgés du département sont maintenant réunis, on s'organise. Un comité central de résistance est élu par l'ensemble des hommes qui dirigera désormais les opérations : Ailhaud bien sûr. Buisson pour Manosque, Charles Coste, l'avocat, pour Digne, Escoffier, l'horloger de Forcalquier, P.E. Ailhaud, ancien huissier révoqué pour Valensole, Aristide Guibert, avocat à Greaulx, Gaston Jourdan, fonctionnaire révoqué pour Riez, et Barneaud, avocat, à Sisteron.

L'armée rouge s'organise selon son cadre géographique. Chaque village forme une escouade qui élit un chef. Regroupés par cantons qui représentent des compagnies et enfin par arrondissements dirigés par les hommes qui viennent d'être

élus au comité central. Le colonel Parson reconnaîtra plus tard : « L'insurrection était organisée militairement, sous des chefs déterminés ».

Un incident se produit ce jour-là. Un républicain, Bizot, est tué alors qu'il cherchait à empêcher un traînard de piller une ferme. Aussitôt, le comité central fait arrêter l'assassin. Mais c'est la justice régulière qui sera chargée de l'affaire et l'auteur du meurtre sera remis au juge d'instruction de Digne. Un autre incident aura lieu, deux jours plus tard, à Saint-Etienne-les-Orgues. Des républicains de Forcalquier viendront y apposer une affiche que le maire du village, le notaire Tardieu, arrache aussitôt. Quelques hommes mettent alors à sac la maison de celui-ci qui est l'un des notaires les plus haïs du département. Le comité républicain de Forcalquier fera aussitôt arrêter les pillards.

Pour l'instant, on quitte Malijaï, à la nuit tombante, et l'on se remet en marche sur Digne, par un froid intense et dans les bourrasques de neige. Une avant-garde de quelques centaines d'hommes est partie dans l'après-midi et entre à Digne le 7 à trois heures du matin. Aussitôt, elle occupe la mairie, la Palais de justice, la préfecture, dont Dunoyer vient juste de s'enfuir, place des sentinelles sur toutes les routes et prépare l'arrivée du gros de l'armée.

Celle-ci pénétrera dans la ville à dix heures du matin, après une marche épuisante. Toute la population est là pour voir défiler les dix mille insurgés. Ceux-ci sont presque en uniformes : blouses bleues, ceintures rouges, cocardes rouges à la casquette. Armés de fusils de chasse, de carabines, de vieux mousquets datant de l'Empire, de faux montées à l'envers, de fourches, de haches, ils défilent village par village aux accents de la Marseillaise qui n'en finit pas de reprendre. On applaudit les chefs qui marchent à pied devant leur canton. Il y a même là un prêtre, l'abbé Chassang, qui dirige le contingent de Sainte-Croix-du-Verdon, portant en guise de drapeau la croix de Jésus le Montagnard. Tout le monde se range sur le cours et la grande place où l'avant-garde et les républicains de Digne ont préparé de grands chaudrons de vin chaud, dans un ordre qui fait encore plus peur aux bourgeois que les excès qu'ils redoutaient. La « Patrie » aura beau écrire, plus tard, que Digne fut livrée « aux meurtres, viols et pillages », un autre journal du Parti de l'Ordre reconnaîtra, le 26 décembre, que l'« ordre ne fut pas troublé un seul instant ». Frappés par la discipline et la détermination des rouges, bon nombre des républicains bourgeois vont d'ailleurs adhérer au mouvement, notamment des magistrats : Corenson, juge à Forcalquier, le président du tribunal de Barcelonnette, le vice-président du tribunal de Digne.

Tandis que les hommes se reposent de leur marche exténuante, le comité central travaille. D'abord régler le problème de la citadelle et de sa garnison. On négocie avec le major Chevallier : un assaut serait meurtrier. D'autre part, l'officier est impressionné par ces rouges si bien organisés. Un accord est rapidement conclu : les soldats resteront enfermés dans la citadelle et n'interviendront pas, mais ils remettront leurs armes, la poudre, les munitions et la caisse du receveur général que celui-ci a confiée au major avant de s'enfuir avec le préfet. Quatre cent vingt soldats, retranchés dans une citadelle, redoutable, viennent de capituler devant l'armée républicaine des Basses-Alpes.

Le comité ayant réglé ce problème militaire passe à d'autres tâches. D'abord l'organisation matérielle de l'insurrection. Il est décidé d'accorder une solde de un franc cinquante par jour à tous ceux qui ont rejoint le mouvement, abandonnant leur travail pour défendre la République. En contrepartie, les hommes paieront leurs vivres aux commerçants et il n'y aura ni pillage, ni réquisition.

Ensuite, le comité s'interroge. Il est maître de tout le département. Mais maintenant, que faire ? On n'a aucune nouvelle de Paris. Pas même des départements voisins. Que se passe-t-il dans le Var, à Marseille, à Avignon, dans la Drôme, à Lyon ? Pour le comité, cela ne fait pas de doute, ce qu'ils ont réussi dans les Basses-Alpes, les républicains l'ont fait partout en France, et notamment à Paris : le coup d'Etat est un échec et il n'y a plus qu'à attendre des nouvelles de la République triomphante, la vraie cette fois, la sociale. Pour l'instant, eh bien, l'on va en préparer les bases dans le département. Le 7 au soir une nouvelle proclamation est affichée sur les murs de Digne résumant les décisions révolutionnaires du comité : « Après la victoire, il y a le devoir d'en profiter. Tous les conseils municipaux sont dissous. Que dans chaque commune, il soit immédiatement procédé à la nomination de comités de résistance de cinq membres ; que dans chaque canton et arrondissement de semblables comités sortent également de l'urne du scrutin ; que tous ces comités correspondent entre eux. Ces comités de résistance sont provisoirement investis de tous les pouvoirs. Les juges de paix sont momentanément suspendus. Que dans les communes où les gendarmes n'auraient pas encore été désarmés, ils le soient immédiatement, en conciliant les exigences de la nécessité avec la générosité qui convient à la force et au droit. Les contributions indirectes sont abolies. »

Non, sire, ce n'est pas une jacquerie, c'est la Révolution.

Cette proclamation soulève l'enthousiasme. Surtout la décision de supprimer les contributions indirectes et notamment l'impôt sur le sel et l'impôt sur les boissons. Avec l'autorisation du comité central, on s'empare des registres des contributions indirectes dans les bureaux des receveurs et, dès la nuit tombée, on allume de grands feux autour en dansant la farandole et en chantant la Marseillaise — La Révolution c'est aussi la fête. Puis l'on prend un peu de repos après ces trois jours de fatigue, d'enthousiasme et d'espoir.

Le lendemain, des nouvelles inquiétantes parviennent à Digne. On signale qu'une colonne de troupes, un régiment entier, venant de Marseille, vient d'atteindre le sud du département, et marche sur la préfecture. Qu'est-ce que ça veut dire ? Marseille serait-elle entre les mains du Parti de l'Ordre ? On verra plus tard à répondre à cette question. Pour l'instant, il s'agit d'arrêter l'armée. Une partie des insurgés — trois mille hommes — va quitter Digne et marcher à leur rencontre sous les ordres d'Ailhaud, assisté de Ferevaux. Ailhaud a d'ailleurs choisi l'endroit où il affrontera les militaires : le défilé des Mées. Mais il faut y arriver avant le colonel Parson. Pour les rouges, c'est à nouveau une marche forcée, toujours dans la neige, mais on atteint les Mées les premiers. Ailhaud a remarquablement choisi son champ de bataille. La route de Digne traverse, à la sortie du village des Mées, une espèce de chaos rocheux que l'on appelle « les cheminées des Fées ». Impossible de tourner par l'est. Quant à l'ouest, c'est la Durance et à cette époque de l'année, la Durance c'est autre chose qu'un petit filet d'eau. Ailhaud retranche ses hommes dans les rochers et attend.

A la tête du quatorzième de ligne, le colonel Parson arrive à marche forcée de Marseille. Persuadé de ne trouver, en face de lui, qu'une bande de paysans mal armés qui s'enfuiront au premier coup de fusil, il est bien décidé à être le premier à « délivrer » Digne, sans attendre les renforts qui arrivent du Var et du Vaucluse. Il lance donc ses troupes dans le défilé et la surprise est de taille : elles y sont accueillies par un feu nourri, non seulement les rouges ne décampent pas, mais ce sont ses hommes qui reculent. Un second assaut n'aura pas plus de succès. Cependant, si la fusillade est vive, les mains engourdies par le froid tirent mal, et il n'y a que quelques blessés de part et d'autre. Parson décide de tourner la position des rouges par les cheminées des Fées. Une compagnie dirigée par un capitaine s'engage dans les rochers. Nouvelle fusillade, cette fois les soldats ne reculent pas, ils s'enfuient, laissant entre les mains des rouges leur capitaine, un sous-lieutenant et vingt hommes prisonniers. Parson a compris et il ordonne la retraite. Il va reculer jusqu'au Verdon, et attendre les renforts.

Les Montagnards sont victorieux. Ils ont repoussé l'armée et fait plus de vingt prisonniers dont deux officiers. Ailhaud aura bien du mal d'aillers à protéger ceux-ci[7]. Puis, il les interroge et, par eux, apprend des nouvelles tellement graves qu'il envoie aussitôt un messager à Digne pour convoquer sur-le-champ le comité central.

Buisson, Coste, Jourdan et les autres arrivent dans la nuit. Les républicains vainqueurs bivouaquent autour de grands feux dont les flammes décrivent sur les cheminées des fées des ombres fantastiques. Dans le camp des rouges, c'est l'ivresse de la victoire. Pourtant, Ailhaud est sombre. En quelques mots, il explique la situation aux autres : Paris est maté. Lyon et Marseille n'ont pas bougé. Il y a eu des troubles dans le Var, mais l'armée paraît bien devoir l'emporter. Certes, l'on vient de repousser une attaque, mais l'armée afflue de tous côtés vers les Basses-Alpes.

La situation est désespérée.

7. Lors du procès d'Ailhaud, devant le conseil de guerre de Marseille, ces deux officiers prisonniers reconnaîtront qu'ils doivent la vie au chef des rouges.

LE DRAPEAU ROUGE FLOTTE TOUJOURS SUR LA MONTAGNE DE LURE

De partout, les troupes convergeaient sur les insurgés de Haute-Provence. Le quatorzième de ligne de Parson avait été repoussé, mais il occupe le Sud du département où il recevra bientôt le renfort du vingt et unième de ligne du colonel de Sercey qui arrivait de Brignoles. Le colonel Vinoy, parti d'Avignon, après avoir écrasé les républicains d'Apt, marchait sur Forcalquier. Du Nord, le préfet Dunoyer redescendait sur Digne avec de l'infanterie et de la cavalerie. Des renforts arrivaient à marche forcée depuis Lyon. Ce seraient bientôt dix mille soldats, vingt mille s'il le fallait qu'il faudrait affronter.

La majorité du comité central décide alors, la mort dans l'âme, de cesser de lutter et de donner le mot d'ordre de dispersion. Les hommes regagneront leurs villages, ils ne seront pas inquiétés. Les chefs gagneront le Piémont à travers la montagne. Ailhaud refuse lui de s'expatrier et de cesser la lutte. Il gagnera la montagne de Lure où il mènera une guérilla, en attendant que le pays entier se réveille et se soulève.

Le 9, l'armée rouge se disperse. Plus de Marseillaise pour se réchauffer. Plus d'espoir pour aider à marcher. Par petits groupes, les hommes regagnent leurs villages, leurs fermes qu'ils ont quittés cinq jours plus tôt dans l'enthousiasme. Ailhaud que trois cents hommes ont décidé de suivre, atteint Forcalquier le 10. Il y passera encore deux jours avant de reprendre la route par Fontienne où il passe la nuit du 12 et Saint-Etienne-les-Orgues où il est le 13.

Durant ce temps, l'armée avance. Le 10, Vinoy — encore un officier qui a fait la Kabylie avec Saint-Arnaud, et qui deviendra général, grand chancelier de la Légion d'Honneur, général de la capitulation de Paris devant les Prussiens en

« Monsieur le président,

Des bandes armées ont parcouru le département des Basses-Alpes, et appelé la population à la révolte. Des attentats ont été commis à force ouverte et la sécurité des propriétés et des personnes a été gravement compromise. Le gouvernement a pris des mesures pour compresser les séditieux et les réduire à l'impuissance. En attendant, la situation que je signale constitue l'état de péril imminent prévu par la loi du 9 août 1849. Elle réclame l'emploi de mesures promptes et vigoureuses. En conséquence, j'ai l'honneur de vous soumettre un décret qui a pour objet la mise en état de siège du département des Basses-Alpes.

Le ministre de l'Intérieur
A. de Morny. » Lettre au prince-président.

1871, puis massacreur de la Commune — entre à Manosque. Au même moment, le préfet Dunoyer entre à Sisteron. Vinoy se lance à la poursuite d'Ailhaud. Il arrive à Forcalquier le 12 au soir. Le 13, le colonel Parson, qui, chat échaudé craint l'eau froide, a attendu son collègue de Sercey, reprend Digne abandonné par les insurgés depuis plus de trois jours. L'armée occupe désormais toutes les Basses-Alpes, à l'exception de Barcelonnette qui sera « pacifié » deux jours plus tard et de Saint-Etienne-les-Orgues occupée par Ailhaud.

A la tête de mille hommes, Vinoy marche alors sur Saint-Etienne, où il arrive le 14 décembre au soir : Ailhaud vient de quitter le petit village et s'est réfugié dans la Montagne de Lure. Des kilomètres de forêts, de ravins, et de rochers qu'Ailhaud connaît mieux que personne. Mais aussi la neige.

Lure atteint deux mille mètres d'altitude ; le froid, la difficulté de faire du feu sans signaler sa présence, celle encore plus grande de se procurer de la nourriture. Les hommes quittent Ailhaud les uns après les autres. Vinoy en capture quelques-uns, et les fait aussitôt fusiller sans autre forme de procès à Saint-Etienne-les-Orgues.

Le 21 décembre, tandis que la France entière plébiscite le coup d'Etat, Ailhaud tient toujours la Montagne de Lure sur laquelle, il fait flotter le drapeau rouge de la Sociale, échappant à toutes les expéditions de Vinoy, entouré d'une poignée de fidèles. Ce n'est qu'après un mois de résistance et de guérilla qu'il abandonne la montagne de Lure pour Marseille, passant à travers toutes les troupes qui occupent le département. Au moment où il va s'embarquer pour l'Italie, il sera dénoncé et arrêté. Devant le Conseil de Guerre, les témoignages de Paillard, du sous-préfet de Forcalquier et des officiers qui ont été ses prisonniers aux Mées, le sauveront de la condamnation à mort. Ce sera Cayenne à perpétuité. Cayenne où il mourra bientôt, laissant dans les Basses-Alpes une veuve et six enfants [8].

La révolution des Basses-Alpes est terminée. La France entière est aux mains de la bande des Cinq. Morny et Louis-Napoléon peuvent payer leurs dettes. Mais les partisans de l'ordre ne respirent pas encore. Certes, les rouges sont vaincus, mais ils ont provoqué une peur qu'on ne leur pardonne pas ; il faut maintenant procéder à la répression. Une répression telle que le problème social ne se pose plus jamais.

8. A Digne, des militants de gauche m'ont affirmé, que lors des grèves de 1936, une manifestation avait eu lieu et que le cortège était précédé d'un drapeau rouge porté par un vieillard : le dernier fils d'Ailhaud.

Quant à la Commune de Volx, elle a, en 1975, donné le nom d'Ailhaud à l'une des places de la ville.

MORTS A SÉDAM 1870
MORTS A LAMBESSA
MORTS A CAYENNE.
MORTS AU BOULEVARD MONTMARTRE DEUX DECEMBRE 1851

VII. *La société est sauvée*

A Paris, l'on sait dès le 6 décembre au soir que la partie est gagnée, malgré les foyers d'incendie qui subsistent alors dans quelques départements. Le 8, Louis-Napoléon qui se terre à l'Elysée et garde le silence depuis qu'il a déclenché son « opération Rubicon », adresse une nouvelle proclamation au pays :

« Français,

Les troubles sont apaisés. Quelle que soit la décision du peuple, la société est sauvée... L'on a vu combien il était insensé de lutter contre une armée unie par les liens de la discipline, animée par le sentiment de l'honneur militaire... »

La société est sauvée. Tel est bien le sentiment éprouvé par tous les honnêtes gens. Sentiment unanime.

PLUS DE SEPT MILLIONS DE OUI

« Le doigt de Dieu est ici », s'écrie le cardinal Gousset tandis que la rente qui était de quatre-vingt-onze francs soixante le 1er décembre, à la veille du coup d'Etat, passe à cent francs quatre-vingt-dix le 16 décembre. Dieu et la Bourse approuvent le coup d'Etat, c'est incontestable.

La bourgeoisie de province respire enfin : « Ce que les socialistes de la province, déconcertés et surpris en 1851, viennent de tenter, montre bien ce qu'ils auraient fait en 1852, prêts et organisés. Nous avons vu les premières lueurs de l'incendie qui nous eut dévorés » écrit le président du tribunal de Toulouse. Et Proud'hon lui-même approuve : « Quand je me représente ce qu'eût été la domination de nos meneurs, je n'ai plus la force de condamner, au point de vue élevé de la marche humanitaire, les événements du 2 décembre » et de renchérir, « le peuple est une bête monstrueuse, qu'il s'agit non pas de traiter en homme, mais de convertir à l'humanité ».

Même les adversaires politiques du prince-président le remercient : « Les émeutes feront du bien au président, constate le marquis de Normamby le 9 décembre, et affermiront son pouvoir, car même les gens qui ont été dignement traités lui pardonneront s'il sauve leurs châteaux de la fureur et de la brutalité des paysans ».

Et Barante, l'orléaniste, hostile au coup d'Etat dans les premiers jours de décembre, l'approuve dès le 20 : « Si le coup de main s'était borné à dissoudre l'Assemblée, à mettre trois cents députés en prison, à supprimer la liberté de la presse, je doute que l'assentiment public fut venu le sanctionner. Mais la répression de la jacquerie a changé l'état de la question ».

La résistance républicaine à Paris était considérée comme chose normale. Mais les soulèvements de la Nièvre, de l'Allier, du Gers, du Lot-et-Garonne, de l'Hérault, de la Drôme, du Var, des Basses-Alpes, démesurément amplifiés par la presse et par le bouche-à-oreille, a effrayé cette société qui est encore rurale. Tout le monde, à Paris, dans la bonne société, possède encore un château ou un domaine en province. C'est de la province que l'on tire ses rentes. Que Paris bouge, soit, on y est habitué depuis longtemps. Que des ouvriers dressent des barricades, c'est la règle du jeu. Mais

« Celui-là », on peut le mettre en liberté,
il n'est plus dangereux. »

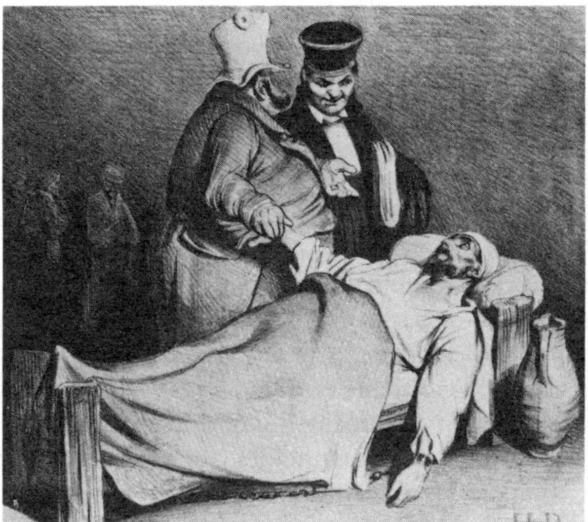

que les paysans prennent les armes, voilà qui est effrayant. Oui, Louis-Napoléon, en écrasant ces jacqueries, a bien sauvé la société, celle des honnêtes gens tout du moins, la seule qui compte. L'on oublie dès lors tout ce que l'on a pensé ou dit sur le « crétin ». On oublie que l'on est républicain, orléaniste, ou légitimiste. Ceux-là même qu'il a fait arrêter le 2 décembre au matin n'éprouvent plus qu'un seul sentiment envers lui : la reconnaissance.

Dès lors, le plébiscite annoncé par la proclamation du 2 décembre et qui est fixé au 21 décembre, peut avoir lieu : il sera triomphal. Cela n'empêche pas d'ailleurs de le préparer. Morny dès le 10 décembre adresse une circulaire à tous les préfets :

« Monsieur le préfet,

Vous venez de traverser quelques jours d'épreuve ; vous venez de soutenir en 1851 la guerre sociale qui devait éclater en 1852. Vous avez dû la reconnaître par son caractère d'incendie et d'assassinats. Si vous avez triomphé des ennemis de la société, c'est qu'ils ont été pris à l'improviste et que vous avez été secondé par les honnêtes gens. »

Le ton de la « campagne électorale » est donné. Les préfets comprennent parfaitement les intentions de leur ministre. Ainsi, le sous-préfet de Dreux écrit à tous les maires de son arrondissement :

« Vous allez accomplir l'acte solennel qui doit décider des destinées de notre pays. Je n'ai pas besoin de vous rappeler que Louis-Napoléon Bonaparte est notre dernier rempart contre une effroyable anarchie et que son nom, l'épouvantail des auteurs des terribles saturnales qui ont désolé une partie de la France, est la meilleure garantie des citoyens paisibles et honnêtes. Usez donc, monsieur le maire, de la légitime influence que vous tenez de votre caractère et de vos fonctions. »

L'ordre contre l'anarchie

> « La question est nettement posée :
> entre la civilisation et la barbarie
> entre l'ordre et l'anarchie
> entre la propriété et le vol,
> entre la religion et le cynisme le plus dégradant. »
>
> Proclamation du préfet de l'Oise.

L'Eglise naturellement, met toute sa puissance et toute son influence au service du prince-président. Montalembert, le chef du parti catholique, s'adresse aux électeurs : « L'acte du 2 décembre a mis en déroute tous les révolutionnaires, tous les socialistes, tous les bandits.

Voter contre Louis-Napoléon, c'est donner raison à la nuée socialiste, à la dictature des rouges. Voter pour Louis-Napoléon, ce n'est pas approuver tout ce qu'il a fait, c'est armer le pouvoir de la force nécessaire pour dompter l'armée du crime, pour défendre vos églises, vos foyers, vos femmes contre ceux dont les convoitises ne respectent rien. »

Préparer une élection, ce n'est pas seulement appeler à voter oui, c'est empêcher les opposants éventuels de faire campagne pour le non. Bien sûr, il n'y a guère de risques : la grande majorité de ces opposants est en fuite, ou en prison. Leurs journaux sont supprimés. Leurs chefs en exil. Mais cela n'empêche pas la prudence. Et puisque le doigt de Dieu est avec monsieur de Morny, tous les coups sont permis. Ainsi, le « conciliateur de l'Aude » rapporte que trois jours avant le scrutin : « Le commissaire de police s'est transporté dans le magasin de monsieur Falise, libraire et y a saisi une caisse remplie de brochures socialistes, ainsi que dix mille bulletins de vote portant le mot non. »

A Châteauroux, la veille du scrutin, un nommé Roux-Villardon distribue des bulletins de vote « non ». Il est aussitôt arrêté par les gendarmes et poursuivi devant le tribunal correctionnel qui le condamne à un an d'emprisonnement.

Mais le danger ne viendrait-il pas des abstentions ? Barante raconte comment on a lutté également contre ce risque : « Nos habitants des campagnes étaient assez portés à s'abstenir... le juge de paix est venu leur expliquer que tous ceux qui ne voteraient pas, seraient mal notés. Le maire a ajouté qu'ils seront regardés comme des malfaiteurs ». C'est vraiment une campagne électorale efficace !

Le plébiscite va avoir lieu en trois temps. Le 21 décembre, tous les citoyens français voteront, et l'on s'est même offert le luxe de décider que le scrutin serait secret, alors qu'initialement, il était prévu public et par appel nominal. L'armée votera de son côté et les militaires n'auront pas droit, eux, au scrutin secret. Chaque soldat signera, sur un registre, en face de son nom, soit le oui, soit le non. Enfin, le plébiscite n'aura lieu que huit jours plus tard dans les Basses-Alpes. Il eût été impossible de l'organiser plus tôt : il n'y avait ni maires, ni électeurs !

Les résultats ne sont une surprise pour personne : sept millions et demi de oui contre seulement six cent quarante mille non, trente-six mille bulletins nuls et un million et demi d'abstentions. Seul le résultat de l'armée peut surprendre : trois cent mille oui environ, mais trente-sept mille non et treize mille abstentions. Et à l'armée d'Afrique, il y a treize mille six cent quatre-vingts non pour trente et un mille quatre cent cinq oui.

Le 3 décembre, les résultats sont proclamés solennellement par Baroche : « Prenez possession, prince, de ce pouvoir qui vous est si glorieusement déféré... Rétablissez la France, le principe d'autorité trop ébranlé depuis soixante ans par nos continuelles agitations.

« Combattez sans relâche ces passions anarchiques qui attaquent la société jusque dans ses fondements. Que la France soit enfin délivrée de ces hommes toujours prêts pour le meurtre, et le pillage, de ces hommes qui, au XIXe siècle font horreur à la civilisation et semblent nous reporter à cinq cents ans en arrière. »

« Autrement dit, on accepte, prince, que vous ayiez confisqué la République puisque vous nous avez sauvés du danger rouge, à la condition que vous continuiez dans la même voie. »

La réponse de Louis-Napoléon est curieuse, et constitue un chef-d'œuvre : « La France a répondu à l'appel loyal que je lui avais fait. Elle a compris que je n'étais sorti de la légalité que pour rentrer dans le Droit. Plus de sept millions de suffrages viennent de m'absoudre en justifiant un acte qui n'avait d'autre but que d'épargner à la France et à l'Europe peut-être, des années de trouble et de malheur... »

L'Empire sera proclamé moins d'un an plus tard.

RÉCOMPENSER LES BONS ET PUNIR LES MÉCHANTS

Pour l'instant, l'on peut payer les dettes, et distribuer des récompenses à tous ceux qui ont participé ou aidé au coup de main. Dans l'ensemble, les préfets se sont bien comportés (d'ailleurs, ceux qui se sont montré hésitants sont déplacés ou révoqués !), leur traitement est donc doublé. Celui des ministres — Morny ne s'oublie pas — connaît le même sort et bondit de quarante-huit mille à cent mille francs par an, sauf pour Saint-Arnaud qui lui perçoit cent trente mille francs. La liste civile du prince-président, c'est-à-dire l'argent nécessaire à ses dépenses personnelles, qui était de six cent mille francs par an en 1848, atteint désormais seize millions. Le salaire moyen d'un ouvrier est de quatre cent francs par an. Dès le 16 décembre, sept colonnes du « Moniteur » sont consacrées à des nominations dans l'ordre de la Légion d'Honneur : tous les commissaires de police de Paris reçoivent la croix de Chevalier ; Achille Fould, Persigny, Fortoul sont faits commandeurs. Le lieutenant-colonel Vinoy est nommé colonel. Espinasse est fait général, les généraux de brigade Reybell, Forey, Courtiuis, Marulaz, Herbillon, Dulac, qui ont remporté une splendide victoire sur les mille ouvriers parisiens derrière leurs barricades, sont promus généraux de division pour ce haut fait d'arme. Bref, on partage le butin, et chaque complice touche sa part.

Mais il ne suffit pas de récompenser les bons, il faut également punir les méchants. Les punir en proportion de la gravité de leurs crimes bien sûr, mais surtout à hauteur de la peur qu'ils ont causée.

En proportion de leurs crimes ? A lire la presse de l'époque, la résistance républicaine au coup d'Etat a été une affreuse jacquerie. Des châteaux ont été brûlés, des églises saccagées, des prêtres torturés, d'innombrables propriétés pillées, les gendarmes égorgés, des paisibles citoyens assassinés, une quantité effroyable de jeunes femmes et de jeunes filles violées. Peut-on dresser un bilan de ces dix jours de luttes ?

A Paris, les pertes officielles de l'armée s'élèvent à vingt-huit morts dont un officier et cent quatre-vingt-un blessés dont dix-sept officiers. Du côté des républicains, on ignorera toujours le nombre des victimes. Le chiffre officiel varie sans cesse : le Moniteur en donne un, la préfecture de police un autre. Le journal anglais, « Times » annonce dix mille victimes, ce qui est certainement exagéré. Si l'on tient compte de la fusillade des boulevards, des cadavres jetés dans la Seine, des exécutions sommaires avouées et même revendiquées par les militaires, on dépasse certainement le millier de morts. Traditionnellement, l'histoire officielle nous enseigne que les ouvriers parisiens n'ont pas bougé le 2 décembre, et que seule la bourgeoisie républicaine s'est dressée sur les barricades. La liste des morts établie par la préfecture de police donne une toute autre vision des faits : pour un député (Baudin), un avocat, un professeur, on trouve cinq cordonniers, quatre cochers, cinq peintres en bâtiment, cinq journalistes, deux femmes de ménage, cinq domestiques, quatre tailleurs, trois cuisiniers, trois maçons, deux corroyeurs, deux coiffeurs, trois garçons limonadiers, quatre menuisiers, un fondeur, un parsementier, un gantier, etc., et un enfant de sept ans, le jeune Boursier, immortalisé par Victor Hugo.

Et en province ? Y eut-il vraiment jacqueries ? Tous les crimes commis pendant l'insurrection ont été renvoyés devant les conseils de guerre dont les comptes rendus tracent donc une image fidèle.

Incendies ? Un seul, celui de la gendarmerie de Bedarieux, après que le maréchal des logis chef ait tiré sur la foule et tué deux passants. Prêtres assassinés ou molestés : zéro. Eglises pillées ou dévastées : zéro. En dehors des batailles où l'armée a perdu une dizaine d'hommes, à Crest, à Aups et aux Mées, quelques gendarmes ont été tués : un à Clamecy, un à Cuers, quatre à Bedarieux. On déplore en outre deux assassinats à

Clamecy et un dans les Basses-Alpes [1], sans oublier à Forcalquier, le sous-préfet Paillard, blessé, mais sauvé par les chefs de l'insurrection. Une maison mise à sac à Saint-Etienne-les-Orgues, celle du notaire, les auteurs de ce pillage étant arrêtés sur-le-champ par le comité central républicain [2] ; quelques poules tuées, et plumées à Marmande. Quant aux fameux viols, on en cherche en vain la trace : pas l'ombre d'un, pas même un petit commencement d'exécution. Aucune vertu n'a été outragée. A croire que c'étaient les honnêtes gens « qui ne pensaient qu'à ça ». Voilà le bilan de cette atroce jacquerie : six gendarmes tués, trois assassinats, un incendie, un pillage, un point c'est tout. Pourtant, la répression va être terrible. Non pas en proportion des faits, mais à celle de la peur éprouvée par les honnêtes gens.

Tout d'abord, les départements insurgés vont être mis en état de siège, et livrés aux militaires qui vont pouvoir organiser de magnifiques chasses au rouge. L'ardeur de celles-ci dépend bien sûr du général commandant l'état de siège qui a tous les pouvoirs : relativement modérée dans le Gers, le Lot-et-Garonne et l'Hérault, elle va être particulièrement dure dans la Nièvre, le Var et les Basses-Alpes.

A Clamecy, après la dispersion, les insurgés se sont réfugiés dans les forêts, où la troupe va pouvoir faire une véritable battue. Fantassins et cavaliers vont sillonner les bois cinq jours durant, accrochant de petits groupes de républicains. Certains se défendent — trois ou quatre soldats sont blessés. Pas de procès, quelques rouges sont aussitôt abattus dans la première

1. Assassinat dont l'auteur est arrêté et confié à la justice par les républicains eux-mêmes.

2. Par contre, le colonel de Sercy se livrera à un tel trafic avec les armes saisies, que l'on sera obligé de le poursuivre pour concussion !

clairière venue. La plupart cependant sont sans armes. Ils sont forcés commes des cerfs, capturés et expédiés sous bonne garde à la prison de Nevers.

Dans le Var, la chasse aux rouges prend des proportions terribles. Duteil a réussi à gagner le Piémont, si le Dr Martel et son épouse parviennent sain et sauf aux Etats-Unis, les paysans qui regagnent leurs villages sont fusillés sans autre forme de procès. Par paires parfois, attachés entre eux, comme cet insurgé exécuté par un gendarme de son village. C'est dans le Var que se situe l'épisode célèbre de Martin Bidouré. Ce jeune paysan avait été envoyé par Arambride à Duteil lors de l'attaque de Tourtour, pour prévenir de l'arrivée de l'armée. Fait prisonnier, un officier lui brûle aussitôt la cervelle et le jeune homme s'écroule. Mais bientôt il sort de son évanouissement : le revolver n'était-il pas chargé ? Le froid ou la neige ont-ils empêché la balle de porter ? Toujours est-il que Bidouré est bien vivant, s'il a l'oreille crevée et une forte commotion. Péniblement, il se traîne dans la neige et tente de rejoindre son logis. Dénoncé, arrêté de nouveau, il est de nouveau fusillé, au fusil cette fois, pour être sûr du résultat...

C'est bien évidemment dans les Basses-Alpes que cette répression va être la plus sauvage. Si Ailhaud tenait toujours la Montagne de Lure, les principaux chefs de l'insurrection gagnaient le Piémont à travers la montagne. L'un d'eux, Baume, y laissera la vie, dévoré par les loups. Tous étaient persuadés que seuls les chefs risquaient une arrestation et qu'on n'inquiéterait pas les simples insurgés. Pouvait-on d'ailleurs arrêter le quart d'un département ? C'était bien mal connaître l'armée. Le colonel Fririon, commandant l'état de siège, prenait aussitôt un arrêté.

Les têtes sont mises à prix. Deux cents francs pour un simple insurgé — de manière à favoriser la délation. Les arrestations effectuées par centaines. Les prisons de Digne, Sisteron, Forcalquier sont bientôt pleines à craquer. On entasse dix hommes dans des cellules pour deux, et cela ne suffit pas. Le petit séminaire est à son tour transformé en prison. Les prisons bien entendu ne sont pas chauffées et le froid est terrible. Le 21 décembre, le thermomètre atteint dix-neuf degrés en dessous de zéro. Les nez, les oreilles, les pieds gèlent. Un homme de trente ans se réveille un matin, les cheveux complètement blancs. L'ancien sous-préfet de Barcelonnette, Astoin, qui pourtant n'avait pas pris part à l'insurrection,

Martin Bidouré

Martin Bidouré, de Barjols servait d'estafette à Camille Duteil. Arrêté le 10 par la cavalerie du colonel Travors, il est aussitôt fusillé au bord d'une restanque.

Mais le jeune insurgé n'était que blessé. Le visage en sang, il se traîne dans une ferme proche. Le fermier le recueille, le soigne, l'abrite. Puis effrayé par la nouvelle de la défaite d'Aups, il le dénonce au maire qui écrit aussitôt au préfet pour lui signaler la présence du blessé.

Le vendredi 12, les gendarmes viennent l'arrêter et le conduisent à l'hôpital d'Aups. On refait ses pansements, on le retape un peu pour qu'il puisse tenir debout, et le dimanche 14, toujours sans aucun jugement, Martin Bidouré est fusillé une seconde fois sur la place d'Aups.

Et cette fois, on ne le rate pas.

mais n'était pas favorable à Fortoul, devient fou dans sa cellule. Les médecins de Digne et de Forcalquier interviennent auprès des militaires : ils craignent une épidémie de typhus et même le choléra en raison des conditions de détention.

Vinoy qui poursuit Ailhaud dans la Montagne de Lure ne fait pas, lui, de prisonnier. Il capture huit insurgés fin décembre, et les passe aussitôt par les armes à Saint-Etienne-les-

Répression en Haute-Provence

Art. 1 : Dans le délai de trois jours à partir de la publication du présent arrêté, des garnisons seront placées chez tous les individus qui auront pris la fuite par suite de l'insurrection et qui n'ont pas satisfait aux mandats de justice décernés contre eux. Ces garnisons resteront à leur charge jusqu'à ce qu'ils aient obéi à la loi.

Art. 2 : Dans le délai de dix jours, les biens de ces inculpés en fuite seront séquestrés et administrés par le directeur des domaines du département des Basses-Alpes, conformément aux lois civiles et militaires.

Art. 3 : Les magistrats des parquets s'entendront avec les magistrats instructeurs pour transmettre, sans aucun retard, à l'autorité militaire, la liste des inculpés en fuite.

Art. 4 : Tout individu qui sera convaincu d'avoir fourni des secours en vivres ou en argent à un insurgé ou de lui avoir donné asile chez lui, sera considéré comme complice de l'insurrection et, en cette qualité, sera poursuivi, arrêté et puni avec toute la rigueur des lois qui régissent l'état de siège. »

Signé : colonel Fririon

Orgues. Un juge de Forcalquier, Corenson, proteste et écrit non sans courage au procureur général d'Aix, pour lui donner sa démission.

Qu'est devenu le juge Corenson ? L'histoire l'ignore alors qu'elle aurait dû graver son nom en lettres d'or : en 1851 il a sauvé l'honneur de la magistrature !

DIX MILLE DÉPORTÉS

Si des honnêtes gens, des magistrats sont écœurés par cette répression sauvage, c'est qu'il est temps d'y mettre fin. Morny n'entend pas dépasser son but. Ecraser les rouges, soit, mais ne pas faire basculer toute la population de leur côté. La répression va donc échapper à l'armée et devenir officielle.

Un décret du 2 janvier 1852 va tout d'abord régler le sort des députés. Cinq d'entre eux sont condamnés à la déportation à Cayenne, mais un seul, Miot, y sera finalement envoyé. Une intervention de George Sand auprès de Louis-Napoléon a obtenu que la peine des quatre autres, Greppo, Marc Dufraisse, Mathé et Richardet, soit commuée en exil. Soixante-douze députés républicains sont condamnés à l'exil parmi lesquels, Victor Hugo, Edgar Quinet, le général Leydet, E. de Girardin, Valentin, Agricol Perdiguier, Martin Nadaud, Schoelcher, Esquiros, Madier de Montjau, Raspail, Mathieu de la Drôme, Gambon, Benoît. Quelques députés orléanistes même sont « éloignés » dont Thiers et Remusat.

Le 3 février 1852 une circulaire signée du ministre de l'Intérieur, Morny, du ministre de la Guerre, Saint-Arnaud, et du ministre de la Justice, Rouher, crée des Juridictions exceptionnelles pour assurer la répression : les commissions mixtes. Il y en aura une dans chaque département composée de trois

La démission d'un juge

« Monsieur le procureur général,

Une lutte fratricide déchire depuis bientôt un mois notre département. Je n'y ai, bien évidemment, point pris part, mon caractère et mes fonctions me l'interdisant. Serviteur de la loi, je suis, comme je l'ai toujours été, prêt à l'appliquer, dans toute sa rigueur certes, mais aussi dans toute sa justice et son humanité.

J'ai dû, il y a quelques jours, me rendre à la prison de Forcalquier. Les conditions dans lesquelles vivent, ou plutôt survivent ou meurent, des centaines de prisonniers qui sont, pour la plupart, loin d'être coupables ayant été entraînés ou poussés à leurs actes par une misère effroyable, ces conditions me paraissent contraires à la loi, à la justice et à l'humanité.

Aujourd'hui, j'apprends la fusillade de Saint-Etienne-les-Orgues et j'en suis, M. le procureur général, frappé au cœur. La multitude avait deviné juste quand elle me disait ''nous épargnons nos prisonniers et nous autres on ne nous épargnera pas''. Je suis véritablement malade de cette nouvelle, et j'ai décidé en mon âme et conscience, que je ne pouvais plus avoir le moindre contact avec des militaires qui ont ainsi fait couler le sang impitoyablement.

Il ne m'est plus possible, M. le procureur général, d'exercer mes fonctions honnêtement, car je ne pourrais juger ceux que j'estime être devenus des victimes tandis que des soldats et officiers ayant commis des assassinats resteront impunis.

J'ai donc la profonde tristesse, après une vie entière consacrée à un métier qui me paraît toujours le plus beau, et le plus noble de tous, mais qu'il est devenu impossible d'exercer en restant honnête et fidèle à moi-même, et à ce que j'ai de plus sacré, de vous prier de bien vouloir accepter ma démission.

Veuillez agréer, M. le procureur général, l'expression de mes sentiments douloureusement déférents. »

Signé : Corenson, juge à Forcalquier.

membres : le général commandant l'état de siège, le préfet et le procureur de la République. La procédure a lieu à huis clos, les inculpés n'ont pas le droit à l'assistance d'un avocat, les décisions sont sans appel. Au surplus, les commissions mixtes ne prononcent pas de peines, mais des mesures de sûreté dont la durée est indéterminée. Ces mesures sont : la surveillance de police, l'expulsion, l'internement dans une localité déterminée, la déportation en Algérie, la déportation à Cayenne, le renvoi devant le tribunal correctionnel ou devant le conseil de guerre. Une circulaire de Morny du 11 février définit la compétence des commissions mixtes. Celles-ci avaient à juger tous les individus arrêtés qui ont pris part à l'insurrection, mais également tous « les hommes hostiles au gouvernement » et « ceux qui ont des opinions avancées ».

En un mois et demi, les commissions mixtes ont achevé leur travail. Dans le département de la Drôme, mille six cent dix-sept personnes ont été poursuivies, cinq cents déportées en

Algérie, seize à Cayenne. Dans les Basses-Alpes, mille six cent soixante-neuf dossiers sont jugés (dont plus de la moitié pour le seul arrondissement de Forcalquier et la commission déporte neuf cent cinquante-six hommes en Algérie, soit l'équivalent de la moitié de la population de Forcalquier) et quarante et un à Cayenne. Sur l'ensemble du territoire, les Commissions mixtes ont jugé — si l'on peut dire — vingt-cinq mille neuf cent vingt-neuf personnes, cinq mille huit cent cinquante ont été libérées, huit cent cinquante-quatre renvoyées devant les conseils de guerre, ou les tribunaux correctionnels, mille cinq cent quarante-cinq exilées, neuf mille cinq cent trente déportés en Algérie, et deux cent quarante à Cayenne !

Monsieur Vigier s'est livré à l'analyse socio-professionnelle des condamnés. Les résultats révèlent, mieux qu'un long discours, la composition des groupes républicains qui ont tenté de résister au coup d'Etat du 2 décembre : cinq mille cinq cents cultivateurs et mille huit cent cinquante journaliers, mille trois cents cordonniers et sabotiers, huit cent quatre-vingt menuisiers, et mille cent tailleurs et tisserands [3]. Morny a gagné : le tissu socialiste de la province — cultivateurs avancés, artisans ruraux — est bien détruit, et pour longtemps. Dans un département comme les Basses-Alpes, les récoltes ne pourront avoir lieu durant deux ans, faute de main-d'œuvre.

Le problème social est résolu dans les campagnes. Vingt ans plus tard, ce sera au tour de Paris de se soulever et Thiers aidé de Vinoy achèvera l'œuvre de Morny en écrasant la Commune.

Monfourat, le 31 décembre 1981.

3. M. Agulhon donne des chiffres semblables pour le Var.

Rentrée de Louis-Napoléon, prince-président, à Paris.

Un petit guide de lecture

Les études ne manquent pas sur cette époque agitée, mais elles sont souvent partielles ou partiales, qu'elles aient été écrites à chaud ou même avec recul, un siècle plus tard.

Dès le Second Empire, on trouve des panégyriques des écrivains bonapartistes : Mayer (l'Histoire du deux décembre), Belouino (Hitoire du coup d'Etat), Mauduit (Révolution militaire du 2 décembre) et Granier de Cassagnac (Récit complet et authentique des événements du 2 décembre). De l'autre côté de la barricade (et pour une fois la formule n'est pas une image), ce n'est guère meilleur. Ainsi, l'Histoire d'un crime, de Victor Hugo relève plus de la poésie épique que de l'histoire, et Schoelcher (Histoire des crimes du 2 décembre) est un peu décevant. Le meilleur ouvrage est sans conteste l'étude sérieuse, documentée et s'appuyant sur le récit de nombreux témoins alors vivants de E. Tenot (Paris en 1851). Ainsi qu'un ouvrage publié sans nom d'auteur « Les conseils de guerre de 1852 » (éditions P. Dupont s.d.).

Les études de Karl Marx (La lutte des classes en France et le 18 brumaire de Louis Bonaparte) sont classiques. Mais peut-être n'a-t-il pas vu exactement ce qui se passait dans les campagnes et il ne parle guère de ces insurrections de ruraux qui n'entrent pas dans son analyse.

Sous la IIIe République — le souvenir de l'Empire étant encore très vivant — l'on trouvera d'une part l'ouvrage de M. de la Gorce apologiste de l'ordre, donc du coup d'Etat, et le livre fondamental de Seignobos (La révolution de 1848 et la IIe République) dans l'Histoire socialiste de Jaurès.

Les études récentes sont fort nombreuses, tant sur la période qui précède et prépare le coup d'Etat que sur le coup d'Etat lui-même. Si l'on ne s'attarde pas sur le « Napoléon III », d'André Castelot, ni sur l'ouvrage de P. Dominique, on trouvera des analyses fondamentales dans Duveau (1848)-L. Girard (La IIe République), J. Godechot (Les révolutions de 1848) et Dautry (1848 et la IIe République) ainsi que le petit mais très clair 1848 de Ph. Vigier (Que sais-je) et Agulhon « 1848 ou l'apprentissage de la République » et bien entendu le beau livre de Guillemin « La première insurrection de la République. »

Le coup d'Etat proprement dit a été moins étudié que la période qui l'a précédée, mais il a donné lieu à deux ouvrages essentiels bien que très différents « Louis Napoléon à la conquête du pouvoir » de Dansette, très complet et très mesuré ; et le livre de Guillemin « Le coup du 2 décembre » passionnant parce qu'écrit avec passion.

Mais la quasi-totalité de ces études braquent le projecteur sur Paris et les événements parisiens, ignorant presque totalement les événements de la province pourtant essentiels. Dès le Second Empire cependant, le livre de Eugène Tenot « La province en 1851 » constitue une mine d'informations sur l'Insurrection, département par département. Récemment, deux ouvrages sont venus éclairer cet aspect qui nous paraît fondamental de la résistance populaire au coup d'Etat, ses causes, ses racines : « La République au village » d'Agulhon pour le Var et surtout la thèse monumentale (au meilleur sens du mot) de Ph. Vigier « La seconde République dans la région alpine » dont le titre rend peut-être mal compte de toute la richesse.

On ne peut toutefois se contenter des études des historiens alors que les témoignages les plus divers ne manquent pas de ceux qui ont vécu les événements de 1848-1851. Ainsi, sur l'état de la France ouvrière, on consultera bien évidemment « l'Etude » de Villermé et celle d'A. Blanqui. Mais également les nombreux souvenirs tels que ceux d'Agricol Perdiguier, de Martin Nadaud et de Benoît (tous deux récemment réédités chez Maspero) et l'on aura ainsi une idée de ce qu'était la vie des prolétaires qui apparaissaient pour la première fois sur la scène de l'histoire.

Sur les événements eux-mêmes, les mémoires ne manquent pas non plus. Sans tous les citer, car bien souvent il s'agit plus d'une apologie personnelle que de véritables témoignages, on retiendra bien sûr les « Souvenirs » de Tocqueville, les « Mémoires » de Remusat ainsi que les « Choses vues » de Victor Hugo. Mais moins célèbres, d'autres témoins des événements fourniront peut-être plus de détails et permettent de bien connaître la mentalité des « honnêtes gens » et leur peur viscérale des rouges. Ainsi les « Mémoires d'un Bourgeois de Paris » du Dr Veron, les Mémoires de Vieil-Castel et ceux du diplomate autrichien Appogny (Vingt-cinq ans à Paris) à compléter par certains pamphlets de l'époque tels que « le Spectre rouge » de Romieu ou les divers ouvrages de l'« historien » Wallon.

Bien sûr, si l'on veut aller plus loin, on aura intérêt à consulter la presse de l'époque, presse parisienne et presse régionale, mais également un matériau extrêmement riche sur l'insurrection : la Gazette des Tribunaux, qui rend compte complètement de la plupart des procès qui ont suivi, notamment le procès d'Ailhaud (pour les Basses-Alpes), celui de Millelot (pour Clamecy), celui des auteurs de l'incendie de Bedarieux.

Enfin, plusieurs romans permettent une approche sans doute moins historique mais très vivante de cette période. Sans les citer tous, rappelons « L'éducation sentimentale » de Flaubert, extrêmement fidèle quant aux réactions de la bourgeoisie et « La conquête de Plassans » d'Emile Zola qui décrit longuement l'insurrection du Var (et qui donne de Zola un éclairage bien différent de son « image » actuelle). Pour être complet, je citerai encore une tentative de réhabilitation de l'insurrection des Basses-Alpes par le roman « Et la Montagne fleurira » de Luc Willette.

Table

CRÉDITS PHOTOGRAPHIQUES :

Bibliothèque Nationale : pp. 9, 25, 26, 33, 37, 41, 49, 52, 59, 65, 69, 82, 86, 89, 97, 101, 112, 119, 120, 129, 139, 145, 155, 157, 159, 161, 162, 171, 200, 203, 216. *Giraudon* : pp. 191, 218. *Roger-Viollet* : p. 4.

Achevé d'imprimer sur les presses
de l'imprimerie Corbière et Jugain,
à Alençon (Orne) en juillet 1982.

N° d'éditeur : 1643.
Dépôt légal :
septembre 1982